沖縄拳法 山城空手

沖縄拳法空手道師範 山城美智

はじめに

２０１８年の６月に私は「泊手 突き本」を上梓しました。

これは沖縄拳法の稽古を積むことで得た、沖縄拳法・泊手の極意のほんの一部を記したもので、多くの読者の方から賛同をいただけた本でもありました。

無事原稿を書き終え、この本が発売されることになり、私の元には刷り上がった本が送られてきました。出来上がったばかりのこの本を読み進めていくうちに、「あれも書けばよかった」、「これも必要だった」という思いが、沸々と込み上げてきました。やがて本を読み終える頃になると、続編を書かねばならないという使命感に駆られてくるようになりました。

ですから、本書は前著『泊手 突き本』をお読みいただいたことを前提に書かれています。ただし、武術そのものの原理を解説していますから前提条件なくお読みいただいても武術家の知的好奇心を十分に刺激するものと確信しています。

具体的には、武術における「原理」をさらに深掘りし、前編では「脳」の働きに着目して筆を進めました。優れたパフォーマンスは強靭な筋力や持久力だけでは実現しません。優れた脳活動があって初めて優れたパフォーマンスが可能となるということです。ここで、達人となるための脳内改革の解説を行っています。

後編では人類の起源から現代社会を作り上げた社会構造を明らかにし、武術が持つ原理そのものを解説しています。あらゆる戦いにおいて、戦略、戦術の原点を理解することがいかに大切かということを明らかにしました。

沖縄拳法空手道師範　山城美智

●目次

前編 強さの真髄は脳にあり …… 11

第1節 「無意識」を司る小脳 …… 13

戦う脳を作り上げる／小脳の瞬間的働き／無意識な学習と関連ある小脳／アフォーダンスと相対稽古／正しい姿勢や正しい構えなどは実は存在しない／無意識な情報収集と熟達／反射的に環境・状況に合わせて微調整し続ける／素早い動きとは、脳の働きの素早さ／正確な動作のポイントとは／正確に時間を合わせることの重要性／強くなるということは……／改めて「口伝」の大切さを知る

第2節　イメージトレーニングの本質に迫る……40
一流選手のイメージ力とは／覚醒（興奮）水準から見たスポーツ各種／競技の空手はどこに位置するか？／一流競技選手の精神面と運動神経系の関係／「見えない問題点を改善し、見える形で結果を出す」

第3節　達人への脳内改革……51
長期的に変化を生むための方法論／テレビ番組の無茶な依頼を引き受ける／一過性の変化では意味がなかった／自己意識とワーキングメモリーとは／「内なる目」が正確に自己を見られない状態／どの部分で錯誤が起きているのか／「突きの速さ」一つも個々人で概念が違っている／とにかく体感してもらうこと／「なるほど」と思ってもらうことが大事／体の「内部感覚」を変えていく／自分と比べ、人と比べない／「構えの変更」を指導した目的／構えの何を変更したのか？／「変更の構え」実質的な目的と意義／受け入れられやすい変更を行う／真剣に取り組む選手の一助になれば

後編
恐怖心の克服……91

第1節　人類史にみる恐怖形態の変化変容……93

恐怖に対峙するのが武術家である／人類の根源的な恐怖／ホモ・サピエンスが生き残った理由／塩による食物の貯蔵がさらに集団を大きく／隣人との人間関係を恐れることに変化／生存のために他者との間にルールを設ける／守ることが武術を生み出す

第2節　現代社会生活に活かす武術……105

現代社会で武術を身につける意義／企業内研修に武術を応用／元に戻そうとする不思議な力／恐怖を押し留めて安定化していても…／想像力という武器のすごさ／怒りの原因　～ある相談に対する回答～／武道修練を通し物事を正しく見る目を養う

第3節　親の影響と恐怖心……127
武術家の伝えるべきこととは／湧いてきた根拠のない信頼と自信／武術家の戦略を見極めれば猿社会を見れば分かります／一番分かりやすい恐怖心の克服／遥か昔からつながる親から子への連鎖／親の一方的想いの悪影響／トップ選手は好きだからやっている／知らず知らずのうちに権威に左右されていないか？／親の劣等感が子供に伝播／武術を学ぶ真の理由／競技経験のない競技への指導／自分を見る方法／親の影響そのもの／思い込みによる支配を受けている

第4節　恐怖心を利用し戦略を立てる……159
群れから高度な組織化へ／恐怖を利用し、戦争で富を蓄え続ける輩／恐怖を克服する方法は／あなたはいとも簡単に騙される／あなたは存在するだけで価値がある

第5節　心のコントロール……171
恐怖に対する本能的反応／思考で対応するのは限界がある／訓練をしていないことには対応できない／恐怖する心をコントロールする／無意識に相手と争ってしまう／武術家としての恐怖心と

の向き合い方／恐怖心の理解から応用へ

第6節　武術家の日常……183
動物共通の行為／想像力が生み出す恐怖／巧みな情報操作で勝つ／武術の勝利とは何かを知る／大切なことは術中にハメること／中途半端に強い人ほど落としやすい／本物の武術家の日常の在り方／相手の恐怖心を利用する／本物の武術を残していくために

第7節　認知戦を知る……203
武術家は本当の姿を他人に見せない／私の外見状の情報／内緒で私の情報を晒(さら)します／あなたは間違いなく騙される人／認知戦は身内に仕掛ける／私の弟子は私に勝てると思っている／認知戦で勝つ

第8節　ミラーニューロンの仕組み……217
人間の成長の仕組み／他者の脳にアクセス？／ミラーニューロンの役割／感謝の祈りが周りを巻

き込む／言語を使わぬコミュニケーション／ミラーニューロンの活かし方／イメージの重要性／子供は親の人生を受け継いでいる／生存のための本能を逆利用／武術では原始反射を利用する／草食動物の目が左右に離れている理由／ヒトの脳の進化理由／悩めば心が居着いている

第9節　中心を抑える……247

本物の武術家だけが知っている「原理」／中谷潤人選手にみた武術の極意／予想外からの一撃の威力／中心意識を発展させた手（ティ）／型にこそ中心の意識が内包／NHKから突然のお話し／突きの専門家としてお呼びがかかった／どうしても伝え残したいもの／スタジオ入り、リハーサル／本番の撮影開始／中谷潤人の類稀な能力／『明鏡止水』後日談／中心をコントロールする技術

第10節　先（せん）を取る……273

「先（せん）」を取り、相手をコントロール／コントロールする力を養う方法／型とは単なる身体操作ではない／死を知らないから死を恐怖する

おわりに　誰もが強くなりたい／あなたはそのままでいい …… 281

前編
強さの真髄は脳にあり

前編では「脳」に迫ります

沖縄拳法に限らず、様々な格闘技は「人が強くなる」ことを追求するものですが、その過程で重要なのが「脳」の存在です。

「脳」は我々が想像するよりも、はるかに多くのことを司(つかさど)っています。空手の場合は脳がどう作用するのか？　それを知れば強くなるための稽古の道筋が見えてくるはずです。

第1節 「無意識」を司る小脳

強さの真髄は脳にある。まずは無意識下に落とし込むこと、そして意識の抽象化をする、という点について一つ高次の概念での処理を見ていきます。

この分野は、小脳の働きと大いに関係があります。そのため、最初に小脳の役割を理解してもらう必要があります。小脳の役割を知ることで、運動学習の中における「上達」とは何かを知ることが可能となります。

そして、ここで紹介するアフォーダンスという、聞き慣れない考え方の中から、無意識化につながるものを探していきたいと思います。少し難解ですが、今後話していく定義の上でも重要なポイントなので、ご理解ください。

戦う脳を作り上げる

強さというと、いろいろな基準で判断しなければいけません。例えばフィジカルや動きの面でいえば筋力の強さ、動きの速さ、反射神経。試合の結果でいえば勝った、負けた、いい勝負をしたなど。ルールが変わればまた評価も変わります。いったい「強さとは何なのだろう?」

格闘技を突きつめる人は、そんなシンプルな問に誰しも必ず行きつくでしょう。このシンプルな問いは世界中で、そしてあらゆるジャンルにおいて問われ続けています。

空手に関連することに限定して考えるならば、私は格闘技からスポーツ空手、フルコンタクト空手、さらには他のスポーツ選手への指導を通し、人が強くなるということはどういうことか、私なりの結論を手に入れました。それは私のように特殊な経験を持つ人間だからこそ見えた、言わば異質な答えなのかもしれません。それを承知で言いますが、答えは「脳」にあるといえます。その脳は、おおよそ多くの人が認識している、感覚や計算などの機能ではなく、より深く、より広範囲であり、そして最上のものを作り出すことができるもの。脳の働きの捉え方は、稽古に対する向かい方そのもの、だと考えています。

例えば、理想的な打撃力を持つ突き、理想的な打撃力を持つ蹴りというのは、技術を研究して理論を構築し、方法を変化させながら実際に試験し、その上で生まれてくるというものではありません。ある日突然、誰かがその「強烈な」突き、蹴りを使ってしまうのです。そして、その突き、蹴りを研究したときに初めて、「今までとは違う理論体系から作られているのか」と驚くのです。

沖縄拳法において、私はいつも弟子たちには「沖縄拳法はすべて答えから始まっている」と伝えています。正しい、間違っている、より良い、より合理的だ、そういうのは後から出てくること。最初にまず理想の存在、理想の突き・蹴り・受け・崩しがあり、それを紐解いて行く作業から始まっています。言わば、最初から生まれる場所が違うのです。

例えば、ラジオを分解して内部を見る子供は、開けても最初は何があるのかさえも分りません。子供が成長するに連れ、トランジスタがあることを知り、電池の役割や回路の意味を学び、電波というものが存在することで生まれる音であったということが後から分ってくる。それに似ています。

沖縄拳法は完成されたラジオ、つまり完成された「脳」から始まっているのです。

沖縄拳法二代目の武士國吉は、真夜中、暗闇に乗じて数人の手練(てだ)れが武器を持って襲ってこようが、見事に倒して退けました。中村茂師範は空手家同士の命をかけた立ち会いに、一撃のもとに打ち勝っています。その要因が何かというと、「覚悟」と「勝利とはなにか」ということを知っていることが非常に大きい。迷いなく、必要なことを必要なときに行う。恐怖に呑(の)まれるのではなく、恐怖ではないものをイメージする。そして原理を信じ、その原理に従うことで「理想の自分」を作り出し続けてきたのです。

その理想の自分の動きを、最初に伝えてくれるのが「型」であり、沖縄拳法の思想であり、原理。そしてそれらは人の体に伝えることが可能な「共通言語」です。

人の体は機械でもなければ、コンピュータのように計算機能を使っているだけではありません。超越した次元の能力を使い、瞬時に閃(ひらめ)き、瞬時に最適なものを選択することができる。そこに沖縄拳法の思想があります。

その思想が数多くの戦いやルールにおいても適応でき、「戦う」ということを分化させずに考えて対応する力を生み出す。型の原理がそんな脳を作り上げてくれる。

つまり、強さの真髄は「脳」にあるのです。

小脳の瞬間的働き

みなさんがご存知の脳は、中枢神経系と呼ばれるもので、分類すると、次ページの図のように大脳・間脳（視床・視床下部）・中脳・小脳・脳幹（橋・延髄・脊髄）に分かれています。

小脳の動作原理は、未解明な部分が未だに多く、現在も研究が進められています。結果、新たな情報が次々と出てきます。ここでは現在解明されている基本的な機能を元にして説明していきたいと思います。

例えば、小脳の機能として既によく知られているのが、「身体外で起こる運動の予測をする際の手助けをする」ことです。

たとえば、野球ではピッチャーが投げてきたボールをバットで打つ際、ピッチャーの手元から離れたボールの角度や速度を見ながら、到達点と時刻を予測し、ボールにバットを正確に当てるために必要なプログラム作りを小脳がサポートします。これを「フィードフォワード制御」と呼びます。これは、その人が今まで学習したことや経験などを使って行われています。

すなわち、経験や学習の結果は瞬間的に引き出せるように、小脳というところにストックされているわけです。たとえば、「戦い」という環境の中では視覚と小脳とが連携し、何か突発的に起こることに対して、

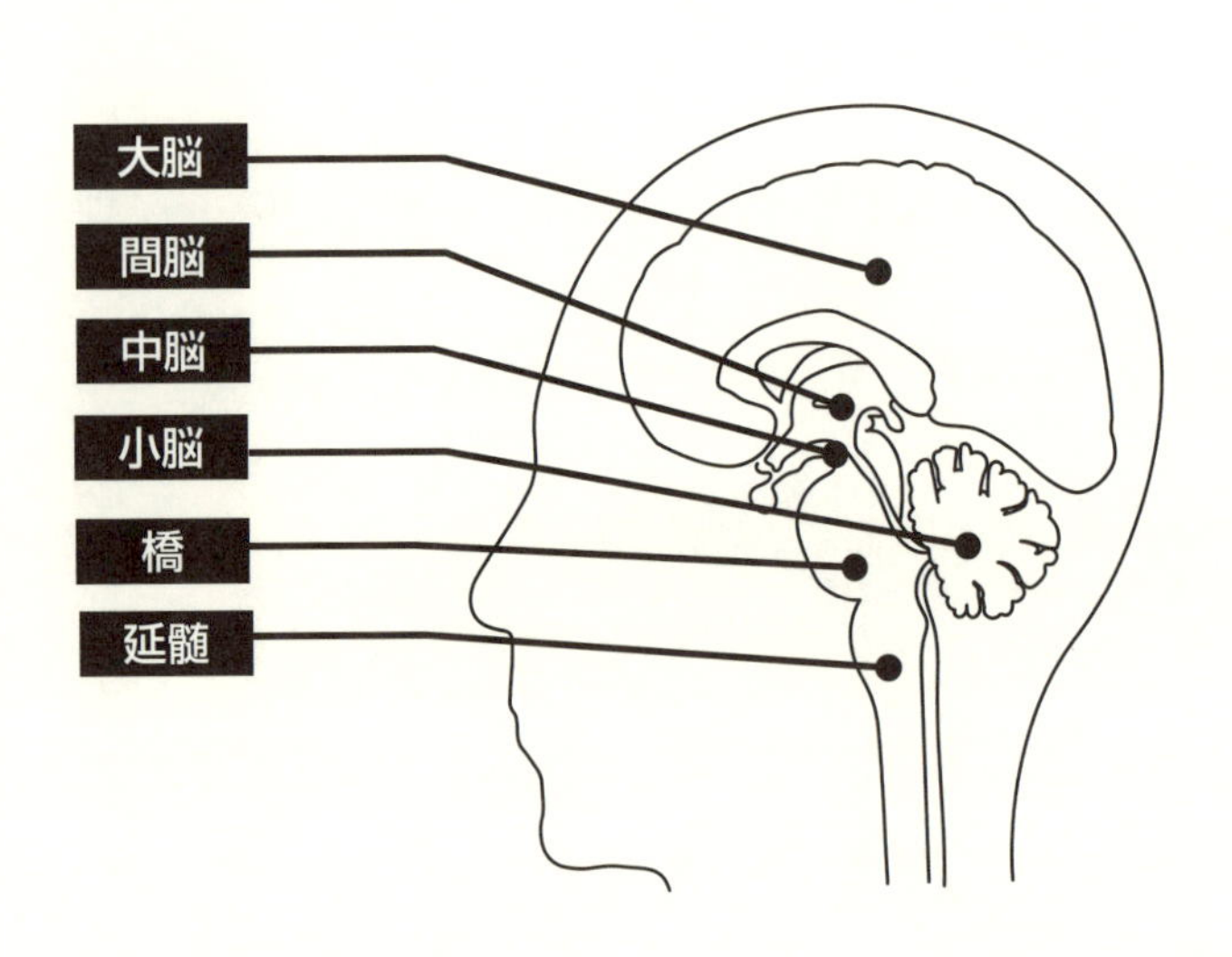

瞬間的に対応するようなシステムがあるということです。

無意識な学習と関連ある小脳

また、過去の研究では、小脳は運動機能のみに関与しているという概念がありましたが、最近の研究では小脳は認知の課題や言語課題中にも活動していることが分かってきました。

つまり、すべての学習が意識的に行われるというわけではなく、小脳には学習能力があるようで、それは無意識に行われています。小脳には運動と運動の間をスムーズにつなぐ役割があり、筋などの協調した運動にはどうしても必要なことです。

例えば、ボクサー・空手選手・ダンサーなど、連続して次々に運動を続けていく、または中断してまた再開するなどの動きを頻繁に行う人たちにとって、小脳は運動の最中に機能しながら、環境の変化に素早く反応し、かつ効率的に適応できるように運動の修正を繰り返すための役割を担っていると言えます。

アフォーダンスと相対稽古

小脳は最適な動作の獲得に貢献していると考えられ始めています。例えば、ある特定的な一連の動作によって生じた情報と、最初に望んでいた動作を常に比較照合することで最適な動作を発達させることになります。これを何度も行うことによって、より最適な運動を学習していくのです。ここで覚えておきたいのは、無意識な動作は無意識に練習を積んでいるということ。なぜなら、意識した稽古というのは意識した部位だけの動作となり、連動した動作や環境と対応した動作となりづらいからです。

この理解を深め、武術として、トレーニングとして、どのような方針のもと積み重ねて無意識化をしていく必要があるのか。ここで「アフォーダンス」という考え方をご紹介したいと思います。

アフォーダンス（affordance）とはアメリカ人で知覚研究者のジェームス・ギブソン（１９０４～１９７９）が、英語の動詞アフォード（afford：与える）から造語した名詞で、「環境が動物に提供するもの、与えるもの」を意味します。

まだまだ現在進行中の研究分野で、非常に難解な分野でもありますが、私が知る限り、非常に沖縄拳法の発想に近く、また理解の仕方やアプローチの仕方も似ていて、参考にさせてもらっています。

シンプルに説明するのはなかなか難しいのですが、アフォーダンスとは人間が生きる上で周辺に存在する知覚情報から、ある目的の達成とその連続に向けて、自分の状態や次の動作、連続する動き、考え方や方向、動作の手順などを反射的、感覚的に受け取ることを意味します。

そして、その情報のうち自分にとって最適なもの、または受け取りやすく利用しやすいものを使って、その動作の連続性を維持したり動作の簡略化、ショートカットを積み重ねます。その行為の目的を達成する過程を理解し、その達成を研究していくこと自体に意味を持ちます。

正しい姿勢や正しい構えなどは実は存在しない

解説だけでは分かりにくいと思います。ここに、ある身体障害者の動作の達成度や発達・習熟度に関する研究があり、この事例を紹介することが、理解する近道になると思いますのでご紹介します。これは、『アフォーダンスと行為』という本を参考にさせていただきました。

最初の事例は、頸椎損傷により体に麻痺が残った人が、自分の靴下を履くことができるまでの所要時間を観察し、半年間それを継続して計測したというものです。

この人はベッドの上で靴下にアプローチをすることから始まります。健常者なら軽くさっと手に取り、すぐに履けるはずですが、体に多くの麻痺が残ってしまった場合、なかなか容易なことではありません。

指を折り曲げて靴下を握ることが難しく、靴下には両側に付けられた輪っかがあり、その輪っかに指を引っ掛けて靴下を動かします。

靴下をかぶせるターゲットの足は自分の意思では動かせず、体を前に倒して手を近づけてから靴下をかぶせることを試みます。しかし、体を前に倒すと、今度は安定できず横に倒れてしまいます。横に倒れないように座るための機能が働きづらいという状態です。

この人は頸椎を損傷し、その結果体に麻痺が大きく残った状態です。この人の半年に渡る「靴下を履くための所要時間」を追跡したところ、下のグラフのような時間だったと示されています。

グラフを見ると、最終的には急激な時間の短縮が見られるようになっているのが分かります。その過程において幾つかの動作が「同時」に行えるようになり、さらに「同時」から他の動

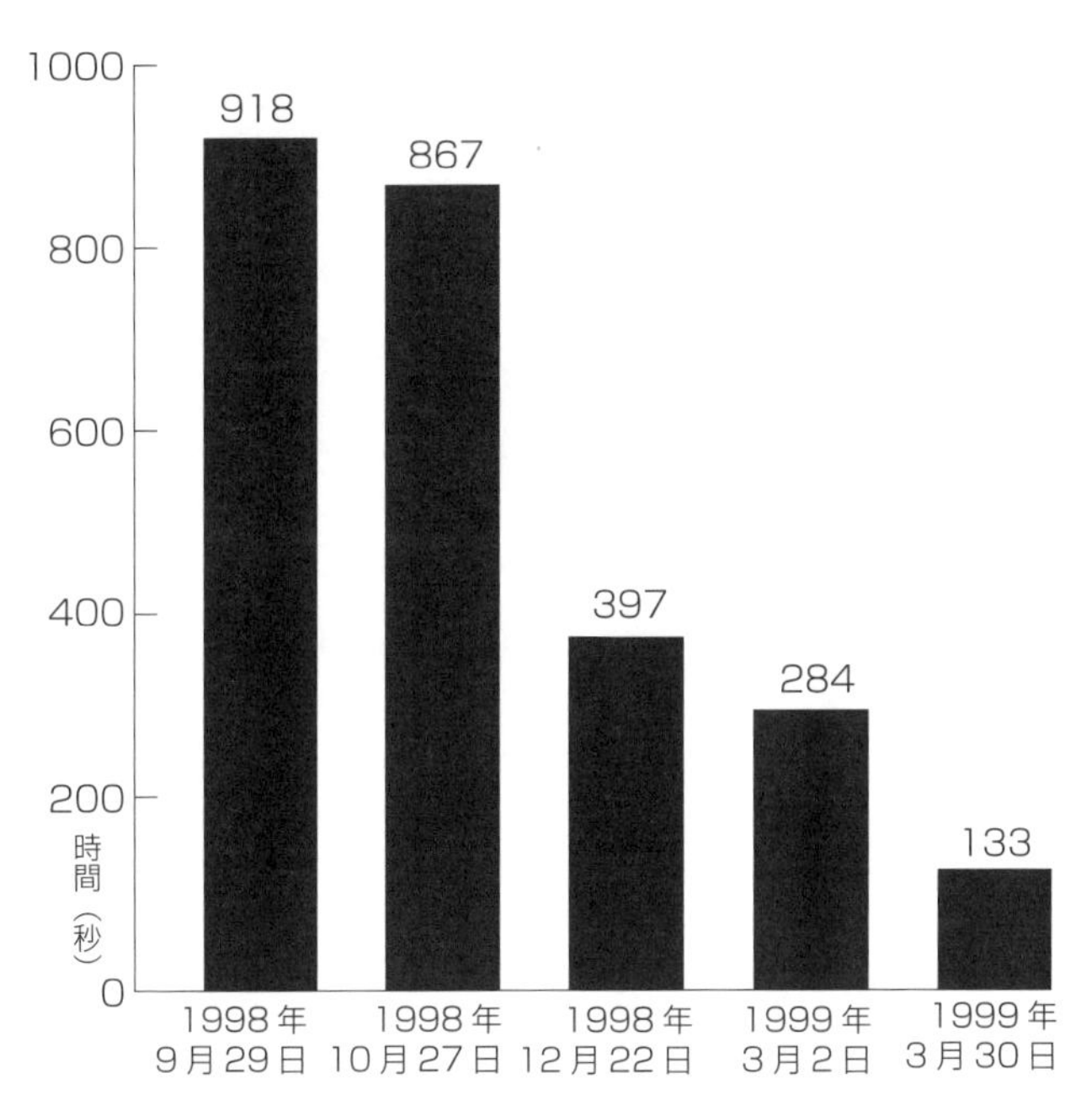

『アフォーダンスと行為』より「靴下を履くための所要時間の半年間の推移」

作への連動がうまくいくようになった結果だといえます。

例えば、姿勢を安定させる動作は体幹を維持するバランスの問題でもありますが、体幹を支持し安定させながら次の動作へ移るという作業が生まれます。ただし、頸椎を損傷しているこの人は座って姿勢を正すという動作だけでも、バランスボールの上に座っているような状況です。姿勢を正すということ自体、この人にとっての最適なものを模索する以外にないし、それが定位置だとしても同じ姿勢とは限らないわけです。

動作としては最初から「靴下を履く」という目的の中に起こる動作のひとつひとつを見ていく作業ですが、結果的には幾つかの動作を同時に行い、連動して行うものが生み出されていきました。

この事例から、姿勢と運動について理解を深めていただきたいと思います。姿勢は複数の知覚システムを利用した持続的な環境測定を行なった結果生まれることであり、そのため、正しい姿勢や正しい構えなどは実は存在しないことが分かります。「正しい」というものはなく、人や地形、気温や自分の体力など環境の要因から生まれる、より効率的で選択可能な「better：より良い」でしかないと言えるのです。

また、皆さんは「何となく」という感覚を覚えたことがあるかと思います。その「何となく」には同じようにアフォーダンスが働いていることが分かってきています。

無意識な情報収集と熟達

もう一つ同書から、身体障害者の動作の達成度や発達・習熟度に関する研究から事例を挙げてみます。

ある光を感じない視覚障害者の人が、杖を使いながら通路を歩いて壁の切れ目を見つけたら止まるという課題を観察しました。この人は最終的には片側だけは10の内8か9は見つけることが可能になりました。

この結果を受けてのインタビューが非常に興味深く、ぜひ注意深く読んで欲しいと思います。

壁の切れ目でM氏が止まると、訓練士はなぜ止まれたかと毎回聞いた。M氏の答えは、

「一瞬、こっち（横の通路を指す）に空気が流れた」「（横の通路の）向こうで音がした」「（横の通路に）空気がある」「何かやっぱり音か、開いている感じ」などであった。

ある時M氏は切れ目で止まり、杖で床を何度か叩いた。なぜ止まれたのかと質問されて、「（杖で）叩いた時、向こうまで……（音が伝わった）」と答えた。

訓練士は、「そうじゃなくて叩く前に（横の通路のほうに体が）向いたでしょ」といって、「どうしてわかったの」と続けた。

訓練士は「ほんの微細な音でも、壁から出た時、結構聞こえる。意識するかしないうちに「あれっ」ていう感じでつかまえることができる。

さっき右に曲がった時にわからないって言ったじゃない。知らないうちに他の情報を使っているわけなんだ。そういうのを自分で意識しながら使ってみると周りが何かね、すぐにね、見つけられる可能性がある。」と述べた。

M氏は、「コウモリになったつもりで……」と応答して、二人は笑った。

『アフォーダンスと行為』（金子書房）より

この会話の中から分かるように、人は意識していること以外でも情報を集め、利用することができます。それは「無意識」を端的に表現していることじゃないかと思われます。無意識にというのはどうしても「勝手に、思いもよらず、自然に」というように考えてしまいますが、実際には無意識とは外界の情報によって惹起（じゃっき）された反射反応に近いものであり、まさに小脳の働きそのものであり、それは接触する何か、つまり環境であったり、地形であったり、人であったり、その接触から受けた情報により引き出された行動であったり、まさに無意識に使われる行動であったりするのだと思われます。

ここで重要なことは、どの「接触する」ものを利用して行うことなのか、であり、武術とはまさにその稽古の極地に至るものではないかと思われます。

ちなみに武術の技術ではなく身体障害者の方の話を事例として挙げたのは、障害をもたれた多くの方々、または事故で麻痺や欠損などを抱えてしまった多くの方々の存在とご協力により、現代最高の医学や心理学、認知心理学やバイオメカニクスなどが発達してきている側面があると私は考えているからです。

この方々に対し心から感謝の念が湧いてきたことがあり、少しでもご紹介したいと思い、あえて身体障害者の方の例をピックアップしました。

反射的に環境・状況に合わせて微調整し続ける

無意識の動作について「アフォーダンス」という考え方を借用しながら解説してみましたがお分かりいただけたでしょうか?

無意識の動作について重要なことは「接触する何か」、つまりどの「接触する」ものを利用して行うことなのか、であり、武術とはまさにその稽古の極地に至るものではないかと思われます。

この「接触する」ということがどのようなことなのか、それが武術的に、運動的にどのように活きているのかを考えていく上で、どうしても理解しておかなければならないのが「運動の種類」です。

この運動の種類には次のようなものがあります。

①　素早い動作
②　正確な動作
③　時間的な正確さ
④　複雑な動作

これらは全て、対人、対物を前提とした「戦いの中で必要な動作」の種類です。組手の中での素早い動きを実現するための動作、確実に動作を実行するための正確な動き、相手の動きに合わせたり、相手の動きを外して返したりする時間的な正確さ（タイミング）、そしてそれらを複雑に組み合わせて統合していく動き。

これらは、全て戦いの中で活かされていることであり、それこそが、ただ単に体を思ったように動かす運動ではなく、反射的に、環境、状況に合わせてフィードバックしながら微調整していかなければなりません。

これらは全て、視覚的、触覚的な「接触」から生まれる連続する微調整であり、さらに次々とフィードバックした結果から生み出す「より、最適な動作」です。

つまり、「より、最適な動作」は、さらに連続的に精度を増していきます。飛んできたボールを正確に打ち返す、楽器を演奏する、伴奏に合わせて歌い踊る、絵画を描く、複雑な外科手術を行うなど、人は他の動物には真似できない巧みな身体運動を行なう能力があります。これは、いわゆる職人技という境地にまで高めることができます。

素早い動きとは、脳の働きの素早さ

人間の体は「動こう」と思う前から脳の中では準備が行われています。これを準備動作といいます。脳は刺激が提示される前から準備活動をしていて、注意や覚醒水準のコントロールを通して刺激を知覚するための準備をしています。

例えば、人は恐怖に対する準備として、心拍数が上がったり、瞳孔が開いたりします。場合によっては、震えが出たり、便意をもよおしたりすることがあります。震えにより体温を上げたり、心拍数を上げることで走る準備をしたり、便意をもよおすのは便を排出して、体重を軽くすることにより無意識に逃走の準備をしていると言われています（鳥は飛ぶときに便をして飛びますよね）。

脳の中でも同様のことが起こり、刺激が提示される以前に脳全体で適切な準備活動をすることが、動作の素早い開始に不可欠であることを示しています。このような運動準備状態はモーターセットと呼ばれています。

そして、その動作をさらに早くするためには脳の中の一次運動野・小脳・基底核の活動が増大することが確認されています。したがって、筋肉を素早く収縮させるだけでは「素早さ」を生み出すことができず、脳内の様々な部位、小脳、筋肉など滑らかに連携させながら連動していくことが必要であることが分かります。

人の動作は普通、多関節動作です。多関節動作の運動力学的速度は、重力・筋トルク・相互作用トルクによって決まります。トルクとは固定された回転軸を中心に働く回転軸のまわりの力の能力を意味し、瞬間的な力で、大きければ大きいほど出だし（加速）が良くなります。相互作用トルクは、他の部位との働きによって生じるトルクで、速い動作ほどその影響が大きいといえます。

例えば、人の行う「ボール投げ動作」においては、ボールの速度が速くなるほど小脳での円滑な動作の調整が不可欠になります。

また、パーキンソン氏病の患者に顕著に表れる動きの中に、動作速度の低下とともに動作の大きさが小さくなる症状が認められます。例えば歩幅が狭くなったり、書く字が小さくなってしまう。この原因は脳内の基底核での障害が原因であると考えられていて、障害の結果、課題遂行に必要な筋力の見積もりが過小になるためであると考えられています。

動作速度がさらに増大するとき、一時運動野・小脳・基底核の活動が増大することが知られています。したがって、筋を素早く収縮させる際には、やはり様々な脳部位の協調活動が欠かせないということです。

以上のことから言えるのは、ただ単に筋肉の収縮速度が上がっても、動きの素早さには繋がらない。動作以前のイメージと運動を繋げるような、脳、小脳、筋肉などを滑らかに連携させていく訓練が必要だということなのです。

正確な動作のポイントとは

いくら素早い動きができたとしても、正確な動きでなければ実際にはあまり使い道がないことは想像に難くありません。以前説明したような、リーチング（到達把握）やキャッチボールやピッチングに関しても同様です。

素早く正確な到達運動を行う上で考慮しなければならない重大な問題がありま す。それは、生体内は常に変動しているということです。体内での伝達物質の濃度や、神経細胞内外のイオン濃度も常に変動しています。

人間は変化し続ける生き物なのです。しかし、その変化を微調整し、イメージや初期の計画通り実行をし続けること、その結果のフィードバックを利用して調整し続けることで、より正確にというよりも、目的に近い動きを実現しているわけです。

視覚情報処理は一定の時間がかかるので、修正の開始は遅くなります。より速い動作の修正のためには、まず最初に運動野から脊髄へ向けて出力された運動指令のコピー（遠心性コピーといいます）及び、与えられた運動指令から実際の軌道を予測する予測器を用いることによって可能となります。

はじめに運動野指令の遠心性コピーが小脳へ送られ、その指令によって実現されるであろう軌道が予測されます。さらにこの予測に基づいて次の指令が計算されます。このように脳内での内部フィードバックループを用いると軌道が短時間のうちに予測的に修正できるため、素早く正確な動作を行うために極めて有効であると考えられています。

また、素早い到達動作の際、眼球がサッケード（眼球飛躍運動）をしている間に不意に目標位置を変化させると、被験者が自分では目標位置の変化に気づかないのに、無意識のうちに動作は素早く修正されます。この現象は、後部頭頂皮質が関与していることが分っています。

以上のことから言えるのは、正確な動作を行うためには、速さの中で一定の課題を達成する練度が必要となることがお分かりいただけるでしょう。つまり、そこで変化があっても調整し、達成していくことが重要だということです。同じことを繰り返すだけではなく、変化の中で達成をしていくことが必要なのです。

正確に時間を合わせることの重要性

タイミングやリズムに関しては、基底核と前頭前野背外側部及び頭頂皮質などが大きな役割を果たしていることが分っていますが、その情報は様々なものを利用していると考えられる。音や光など、そのときに適切なものを無意識に選び取り調整をしている点においては、前回説明したアフォーダンスの考え方そのものであるとも言えるでしょう。

以上のことから言えるのは、タイミングを合わせることは、リズムを確保すること、視覚情報に頼りすぎず、使える情報を使いながら、無意識に合わせていくことを練習する必要があります。

また、「正確な動作」についてですが、今までの総合的なコントロールということが必要となるし、ここで説明したように訓練を重ねるほど円滑な動きとなることがお分かりになっていただけたと思います。

強くなるということは……

運動に関与する身体部位の数が増大すると、それと関連する全ての脳の部位を統合するために必要な上頭頂皮質の活動が増大します。上頭頂皮質は体性感覚野の後方に位置しており、多数の身体部位の感覚を統合するために働くと考えられます。

強くなるということ、速く動く、動作の改善というのは脳内のイメージでの改善をしなければ、全体の強化には繋がらないことを深く理解しなければなりません。

強くなるということは、速さと正確さと多動作の連動を可能とすること、リズム、タイミングを適切に把握する訓練を積むこと、そしてなにより脳の処理と体の連動の強化が重要となることです。

つまり、優れたパフォーマンスは強靭な筋力や持久力だけでは実現しない。優れた脳活動があって初めて優れたパフォーマンスが可能となるということです。

しかしながら、優れたパフォーマンスを可能にする脳活動に関する研究は少ないことも事実です。

現時点で、私が研究のよすがとしているのは、病気や障害に関わる脳研究の書籍や研究論文です。ただし、これらの資料からは、特定部位の正常な機能が失われたとき、どのような障害が生じるかが明らかになりますが、パフォーマンスの高さを上げるためのことはなかなか知られていません。この辺りは指導者が研究を深く行いながら、実地で確認し、改善していくことが求められると思われます。

改めて「口伝」の大切さを知る

ここまでの解説を非常によくまとめたフローチャートがあるので、ここにご紹介いたします。

川人光男著作『脳の計算理論』（産業図書刊）で紹介されたものを『運動と高次神経機能』という書籍の編者が若干の改変をしたものです。小脳に、運動指令から動作を予測する順モデルと動作のための指令を計算する逆モデルがあると仮定した図です。

左ページのこの図を見れば、ある程度見えてくるものだと思いますが、ここでさらなる効率を求めた改善・成長をさせるためにも「口伝」「注意点」という考え方が重要になります。これは今までも説明したような「インターナルフォーカス」と「エクスターナルフォーカス」という二つの考え方が必要となり、それがアフォーダンスという外部の刺激に対する反応、選択的な反応に対する理解につながります。そしてその結果、動作の滑らかさ、速さ、全体の素早さ、計画的な戦略の実行へと繋がっていきます。

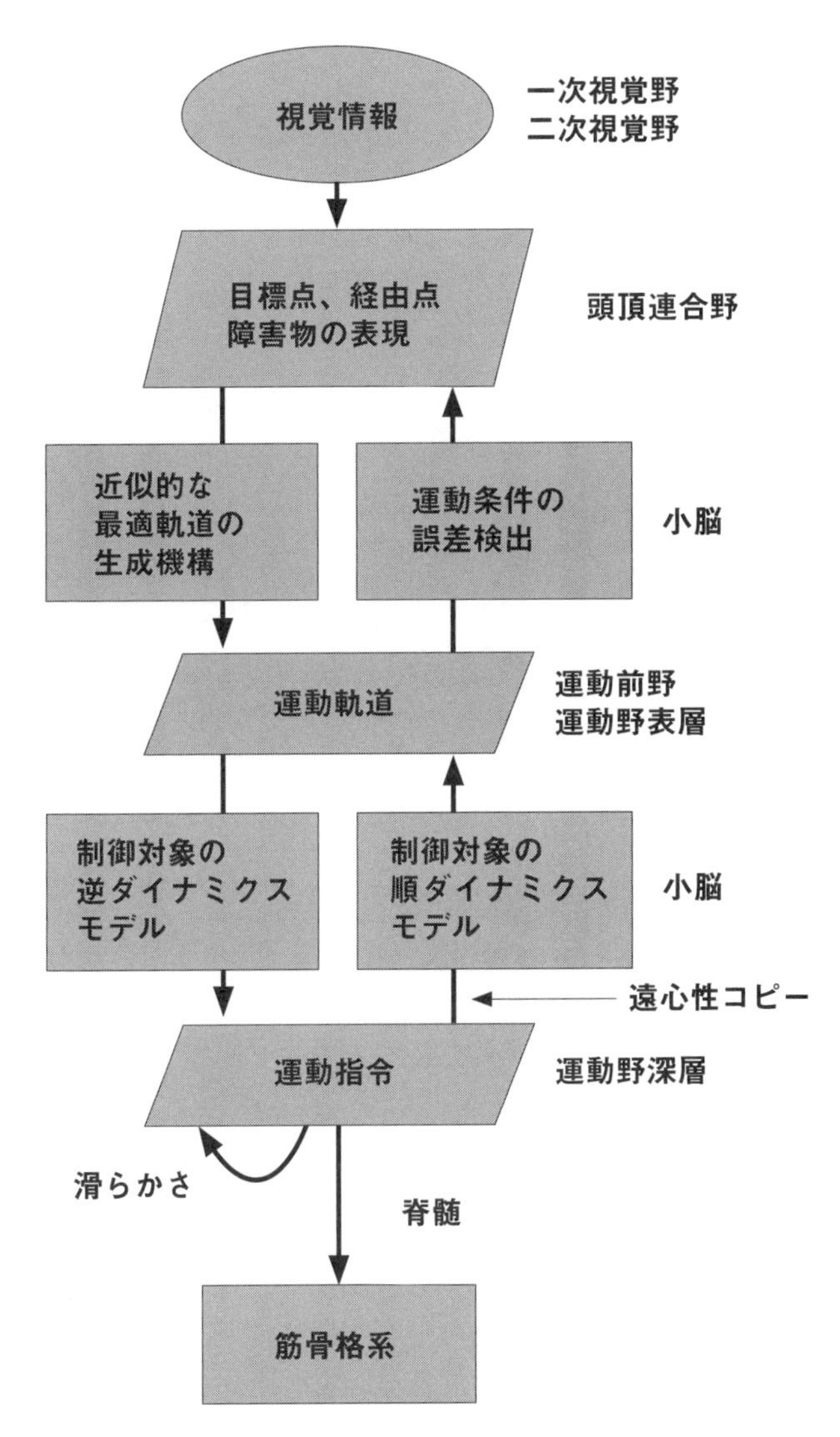

素早く正確な到達動作を実現する神経回路
（『運動と高次神経機能』より借用）

第2節　イメージトレーニングの本質に迫る

第1節では、「体と心の再起動」「体の使い方の最適化」を行うための手段として、自分を理解する方法論を科学的に確立していくことの重要性を示しました。

課題が解決されるために的確な視点と分類を行い、それに沿ったプログラムを作り上げていく必要がありました。この中でもっとも変化させやすく、かつ効果的なのが「運動イメージの改善」でしたが、そのためには運動イメージ以外の技術や体力などの見直しが必要でした。

そして、私は指導の中で、必ず明らかにその選手の動きが目に見えやすく変化する瞬間を作り、次のように伝えます。「動きが劇的に改善されたのは、筋トレで筋力が増えたからではなく、自分の体のより良い使い方を知り体感してもらい、〈この体の使い方の方が快適だ〉と知ったからですよ」と。

一流選手のイメージ力とは

第2節では、イメージの持つ力と、イメージを変化させるための技術について、触れていきます。

まず、一流選手のイメージ力について考えてみたいと思います。

一流競技選手におけるイメージは、より鮮明に、しかも実際に自分が競技を行なっているかのように想起されます。しかも時間的に見ても、より正確なタイミングで遂行されているといえます。

次に、生理反応について言えば、一流競技選手はそれ以外の競技者に比べて運動イメージ想起時に自律反応の高まりがより大きいという特徴が上げられます。つまりイメージで関わった中枢の中でも特に自律神経系がより活性化しているのであり、より実際の運動時に近い中枢活動が起きているものと考えられます。

結論として、肉体的およびメンタルトレーニングを毎日実施している一流競技選手は、実際の競技レベルばかりでなく、イメージ想起に関しても卓越した能力を持つと言えます。

そのため、そのイメージ、メンタルトレーニングの取り組み方次第では、より短期間で大きな変化や改善が得られやすいのです。

ただし、逆をいえば、自己イメージの錯誤や誤認があれば、大きくスランプへと陥りやすくなりますので要注意です。

このスランプの解消法がイメージと動作の関連を理解することであり、メンタルの様態により方法論を変えていかなければならないのです。これはスポーツの種目、技能によって覚醒（興奮）水準が変わるということに起因しています。

覚醒（興奮）水準から見たスポーツ各種

ここで、メンタルの様態を競技ごとに理解するためにも、覚醒（興奮）水準ということについて見ていきたいと思います。

選手が重要な試合のときになんらかの心理的な原因で自分の普段の実力が発揮できなかった場合、「あの時は頭の中が真っ白になってよく覚えていない」「あがってしまって、地に足がついていなかった」「ビビってしまって、体がすくんで何もできなかった」などと話しています。このことを表したのがこの図です。
これは「逆U字仮説」といわれるもので、縦軸にパフォーマンス、横軸に緊張・興奮水準を表したものです。例えば、緊張・興奮水準が高すぎると「あがり」の状態になり、緊張感や焦りが出て、心拍数が速くなったり、顔面がこわばったりして悪いパフォーマンスになってしまいます。

「あがり」とは、「試合の場面に

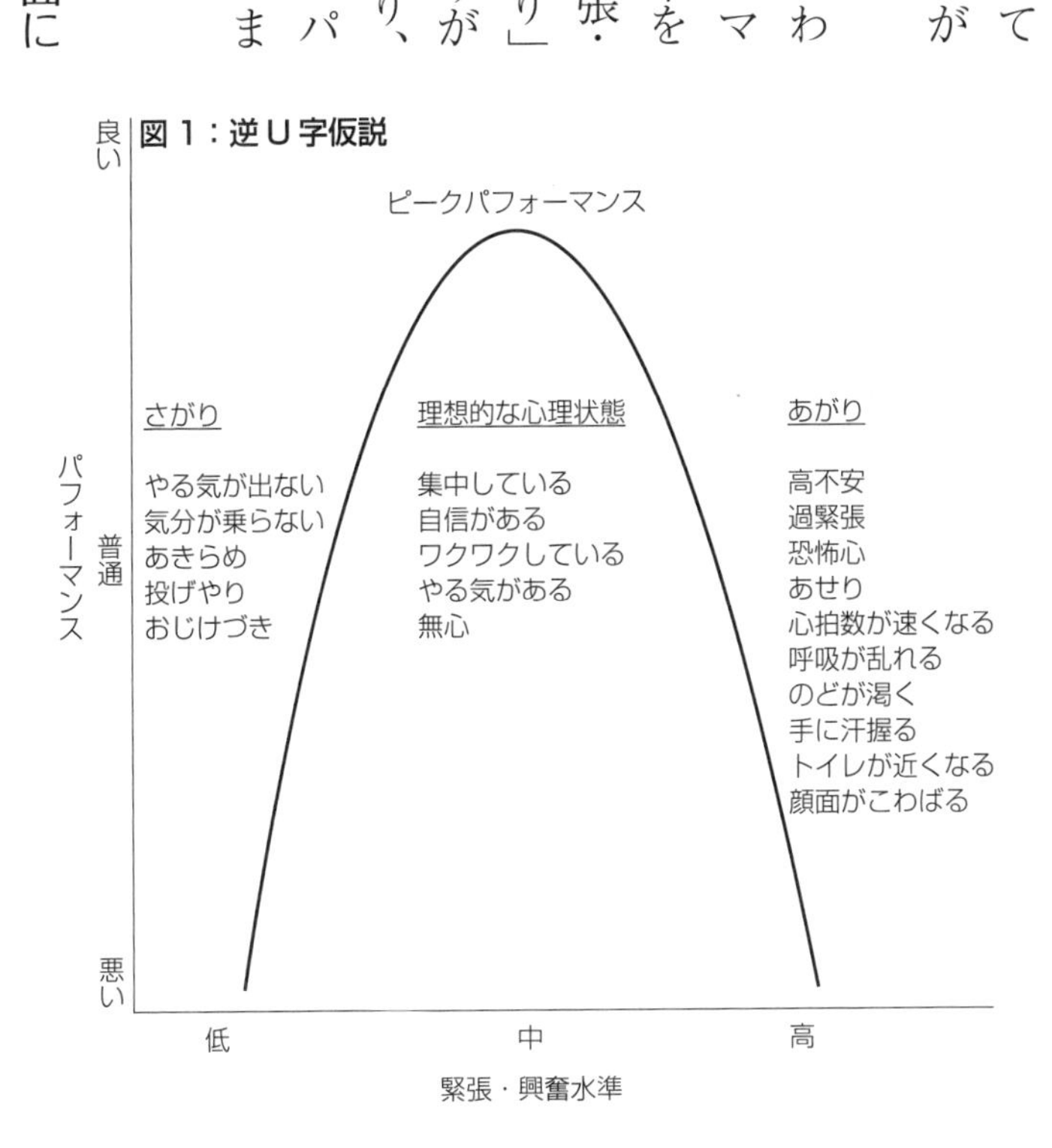

おいて他の競技者の存在、多数の観客の存在、およびその他の外的な圧力または内的な原因によって、過度の情緒的緊張や興奮が生じ、競技の遂行が困難になったり、成績が低下して試合の場面にうまく適応できなくなるような心理的・身体的現象のこと」を指します（引用：『新版・運動心理学入門』編著：松田岩男・杉原隆／大修館書店刊（「第4章　運動と動機づけ・あがりとその防止」松井匡治著）。

「あがり」の対極にある「さがり」では、緊張・興奮水準が低すぎる状態のことで、こちらもパフォーマンスは上がらない。

では、どの状態が良いかというと、緊張・興奮水準が中くらいのところになると、「集中している、ワクワクしている」という理想的な心理状態となり、最高のパフォーマンスが得られます。

ただし、スポーツの種目・技能によっても覚醒（興奮）水準は変わるので、これを次ページのように表にしました。例えば1のアーチェリーやゴルフは、身体の活動としては大きくなく、覚醒（興奮）水準を抑える必要があります。一方で5のウエイトリフティングや中距離走では、非常に高い覚醒（興奮）水準が必要となります。

競技の空手はどこに位置するか？

では、競技空手や格闘技はどこに位置するかというと、ボクシングに近いですが、競技の空手については、私はボクシングとバスケットボールの間、3の上に位置すると思っています。大きな身体操作を行いながら、ルールの範囲内で戦い、打撃力ではなく、「打撃コントロール」を重要視しなければいけない点を見る限りは、私はバスケットボール寄りではな

	覚醒（興奮）水準	スポーツ技能
5	非常に高い覚醒（興奮）	フットボールのブロッキングとタックリング／中距離走／ウエイトリフティング
4		走り幅跳び／短・長距離走／砲丸投げ／水泳競技
3		バスケットボールの諸技能／ボクシングの諸技能／サッカーの諸技能／高跳びの諸技能／大部分の体操技能
2		野球の投球・打撃技能／フェンシング／飛び込み／フットボールのクォーターバック／テニス
1	わずかに覚醒している	アーチェリー／バスケットボールのフリースロー／ゴルフ／フィールドゴールのキック
0	平常の状態	

各種スポーツ技能に最適な覚醒（興奮）水準

いかと思っています。

格闘技などについては、実は種類によっても変わってきますが、総合格闘技についてはフェンシングとボクシングの両面を持ちながら、バスケットボールとフェンシングの中間の域であると考えています。

つまり、空手も格闘技も想像以上に覚醒（興奮）水準が低く、むしろ中間でコントロールする能力、つまりイメージ力と実行力のほうが重要になると思われます。

一流競技選手の精神面と運動神経系の関係

また、運動場面で自律反応がより大きいことは実際の競技の場面では有利であろうが、あまりに覚醒（興奮）水準が高い場合には運動制御への影響が大きくなり、結果的にパフォーマンスが低下することが懸念されます。

一流競技選手には精神的興奮の高まりが運動神経系に影響しにくい機序（メカニズム）が存在するのではないかと思われます。その結果、極度に精神的緊張を強いられるような大舞台においても、自分の持つ運動能力を十分に発揮できるのかもしれません。

一般的に競技において一流選手に求められるものは、

①新しい技術や動作のパターンの習得
②フォームの矯正・改善
③競技遂行に先立つリハーサル
④心理面の改善・対策

が、挙げられます。特に一流選手において重要なのは、先ほども述べたように④であると思われます。

なぜなら、高度な運動能力や技術に関しては、そのクラスに入るまでに身につけて入ることであり、階級さえ一緒であれば筋力による差はほぼ生まれないと思われるからです。

一般的には競技力というのは主に体力や技術などの要因によって決定されます

が、これらの要因は日々のトレーニングによって作られるものです。

しかしながら、実際には体力や技術が向上してもそれが大事な場面で発揮できないことがあり、一般的には「上がりやすい」「プレッシャーに弱い」「精神的に弱い」などと言われることになります。

このような問題はある程度「慣れ」によって解決できると考えられますが、実際に競技者にとって目標となるような大舞台は、そうたびたび訪れるものではありません。例えばオリンピックは四年に一度、その他の世界的な規模の試合も数年に一度という頻度でしか行われないために、競技者にとっては「慣れ」によって精神的要素を解決するのは難しいと考えられます。

したがって、イメージの中で何度も何度も大舞台を擬似経験することが重要になりますし、大舞台の出場経験が大きな力になることが分かります。

この運動イメージを用いたトレーニングの効果を実証的に明らかにしようとする研究は1960年代に始まりましたが、スポーツの長い歴史から見ればごく最近の取り組みだと言っても過言ではありません。

例えば、Feltz & Landers らがまとめた論文では、イメージトレーニングを実施する前後でパフォーマンスを比較した多くの研究を行った結果、イメージに用いられる課題によって効果の大きさの違いがあるものの、イメージトレーニングを実施した方がしないよりもパフォーマンス向上に効果的であることを示しました。

これは、自己運動イメージ、運動プログラミングの改善、再考、何度もイメージトレーニングを行うことで生まれるもので、いわば、

「見えない問題点を改善し、見える形で結果を出す」

ということを実現するための手段です。

そのため、今回説明したような覚醒（興奮）水準を理解することが、イメージの改善に必要なトレーニングや方法論は何であるのか、適切なものが見えてくるのです。

いわば、

「イメージ　⇅　動作」

とは、適切なイメージの持ち方、覚醒（興奮）水準を理解すること。その上で必要とされる運動、トレーニングの種類を理解すること。その結果生まれる身体イメージと動作の関連を理解し、そこから例えば、スランプに陥ったときに必要な変化は何なのかが導き出されます。

この関係を言葉と動作で教えることで、選手の今まであった力を伸ばし、これから得る新しい力を引き出すことができるようになるのです。

第3節　達人への脳内改革

第2節では「見えない問題点を改善し、見える形で結果を出す」ということを実現するための手段として、どのようなイメージを持ち、どのようなトレーニングを積んでいくかが重要かを解説しました。覚醒（興奮）水準を理解することで、イメージの改善に必要なトレーニングや方法論がどのようなものなのか、適切なものとはどのようなものかを検討しなければならないことがおわかりいただけたかと思います。

第3節ではイメージと動作の関連から、「ワーキングメモリーの理解と動作」とはどのようなことを行なうのか。また、働きかける「言葉」ということが重要になるのですが、どのような言葉を使うのかということを解説していきたいと思います。

長期的に変化を生むための方法論

第2節で解説した、「イメージ⇅動作」とは、適切なイメージの持ち方、覚醒（興奮）水準を理解すること、その上で必要とされる運動、トレーニングの種類を理解すること。その結果生まれる身体イメージと動作の関連を理解し、そこから陥ったスランプからの脱出にとって必要な変化は何なのか？　そこを「言葉と動作」にして教えることで、選手の今まであった力、これから得る新しい力を引き上げることができるようになるということでした。

しかし、実際は自分の体を意識して動作をすること、その動作への意識が正しいかどうかは自分も他人もなかなか見えてきません。そこには自我を含めた脳の中の働きが大きく影響しているからです。

スランプに陥った選手が、わずかな時間で本来の自分を取り戻し、それ以上の動きを手に入れるためには膨大な情報をほんのわずかな言葉や動作に詰め込んで、受け入れやすいように加工しなければなりません。それは料理をイメージすると分かりやすいと思います。

食べる人にとっては、見たこともない食材を加工し、提供し、それをさらに咀嚼してもらい、味わいの深さ、美味しさをかみしめてもらう。しかも、その料理が体にとって良いものだと実感してもらい、この素材を食べること自体が良いこと、と心底理解してもらうことができなければ、その後もそれを食べ続けようとは思ってもらえません。

私の料理を食べ続けてもらう、つまり一過性の変化ではなく、長期的に変化を生むための方法論を理解するためには「自己意識とワーキングメモリー」の関係を見ていく必要があります。その結果、私が何を指導しているのかが見えてきます。

自己意識とワーキングメモリーの関係を理解し、常に修正をし、改良し続ければ、長期的に変化を生み続けることができます。その先に「達人」という領域が待っています。どのような分野であれ、達人と呼ばれる人たちの脳内ではこのようなことが行われています。

テレビ番組の無茶な依頼を引き受ける

以前、NHKの『アスリートの魂』という番組で、私がある競技空手選手の強化を指導する回がありました。その内容が「自己意識とワーキングメモリー、その修正と改良」の例に適しているので、紹介したいと想います。

すでに記しましたように、一般的に競技において一流選手に求められるものは、次のようなことが挙げられると思います。

①新しい技術や動作のパターンの習得
②フォームの矯正・改善
③競技遂行に先立つリハーサル
④心理面の改善・対策

私が番組で指導した選手は、当時、私に与えられた情報から検討する限り次のような状況でした。

まず、高校1年から華々しい戦績でデビューし、大学・一般を含めた全国大会でも非常に高い成績を残し、その後も高い成績を残していました。しかし、当時の世界大会ではライバルの選手に負けてしまい、そのライバル選手への対策のために突きの速度を強化するトレーニングに取り組んでいました。

私に来た電話でのNHKのプロデューサーの話では、実は次のような要望をいただいていました。

・突きの速度をもっと速くしたいという、彼の要望に応えられるような指導をしてほしい。
・番組の構成・都合上、2、3時間ほどの時間で目に見えて突きが変化し、速くなっている様子が撮りたい。
・刻み突きや逆突きを打つと相手にダッキングされ、潜られるのでそれを解消する技術、動きを教えて欲しい。そして体得できるようにして欲しい。
・この映像を撮影する日まで、選手とは接触を取らないで欲しい。その理由は、今回の撮影はドキュメンタリーであり、一発本番で撮影するので、打ち合わせなどしないで欲しい。（実際、撮影当日に会って数秒で「もう話をしないでください。始めます、と挨拶さえ遮(さえぎ)られたのです」）。
・この撮影後、成果が出なければ、今回の撮影の映像は放送しない。

どう見ても無茶振りでしょう（笑）

しかし、私には自信があったので、二つ返事で引き受けることにしました。私は当時から私自身の技術と研究と、選手を見る目に自信を持っていたので、この要望に応えられるだろうと、対応しました。また、私自身の挑戦でもあるという覚悟もありました。

まず、その選手の突きを私にも打ってもらい体感しましたが、私の正直な感想として、次のように感じたことを覚えています。

「この時点で、この選手の元々の動きではない。おそらく、トレーニング方法と自分自身のイメージの組み立てに対し、錯誤があるのではないか。筋力、能力の問題ではない、という直感です。特に速くもなく、動作の起こりも見えやすい。この突きでもっと試合に慣れている選手に決まるということはないだろう。潜り込みやすいことも、突きの軌道を見てすぐ分かる。根本的におかしいところが多々ある」

失礼を承知で書かせていただきましたが、もちろん、超一流の選手レベルとして、ということですので誤解のないようにしてください。それにしてもスランプ状況は深刻だと感じました。

一過性の変化では意味がなかった

そこで、私はこの選手の技術を向上させるだけではなく、自己イメージとトレーニングの関連性、そしてパフォーマンスを最大にさせるための理解と動作の関連性を、最小限の指導と理解で行い、かつそれが有益であると認識してもらい、継続してその効果を伸ばしてもらうための練習を積み重ねてもらう必要がありました。

実は、なぜそのように考えたかというと、今回の場面が私に「習う」という関係ではなく、「参考にする」という、撮影上の流れの都合があったからです。もし、指導が良いものであって、選手の動きがその場で多少良くなっても、次の試合までそれを継続し、習得してもらい強化してもらえなければ、結果に繋がりません。そうすれば、結果は私の責任となることは分かっていたのです。そんな無茶振りをされて、そんな責任も取らされたらたまったものではないので、私も相当腹をくくって取り組みました。

自己意識とワーキングメモリーとは

まず、この説明の前に人間の脳におけるワーキングメモリーというものについて説明しておきたいと思います。

脳は記憶や学習、認知に様々な働きを行なっている器官ですが、その働きの中に「ワーキングメモリー（working memory）」というものがあります。会話や文章の理解、思考、判断、意思決定などの遂行には、このような場合における一時的な情報の保持が不可欠です。その一時的な情報の保持や処理の仕組みとして、脳科学の世界では、近年ワーキングメモリーの概念が使われています。

ワーキングメモリーは、総合的には短期記憶といわれるものに属していますが、単なる短期記憶とは全く異なるものです。従来の概念でいう短期記憶とは、何も情報を加工することなく、ただ単に覚えているというだけのものですが、ワーキングメモリーは短期記憶のように静的に、ただ一時的に情報を保持するだけではなく、その記憶している情報を目的達成のために状況の変化に合わせて取捨選択、再生成などのダイナミックな操作を加える能動的な記憶のことです。

ワーキングメモリーを唱えた研究者であるアラン・デイビッド・バッドリーは、ワーキングメモリーを言語理解、学習推論のような複雑な認知課題のために必要な情報の一時貯蔵や操作を提供できるシステムとし、様々な活動や課題の要求に柔軟に対処できる性質を備えたものとしました。

＊アラン・デイビッド・バッドリー（Alan David Baddeley）　１９３４年３月23日生まれ。英国の心理学者。ヨーク大学の心理学の教授でワーキングメモリーに関する第一人者。

さらに、バッドリーは入力された情報が時間経過とともに徐々に消失して行くような一時貯蔵方法を受動的記憶（passive memory）、リハーサルや注意などにより、入力された情報をある期間の能動的に保持し続ける貯蔵方法を能動的記憶（active memory）と呼んで区別し、ワーキングメモリーは後者の能動的な過程により、情報を一時貯蔵するものであると述べています。

「内なる目」が正確に自己を見られない状態

ワーキングメモリーの働きは「ある情報を一時的に保持し続け、目的達成のために状況に合わせて取捨選択、再合成する」ということです。ワーキングメモリーの働きは会話の中にも見られます。会話の場合、文章読解時に行われる単語の結合と意味づけも必要ですが、話し手の表情やしぐさ、またイントネーションから相手の心理（他者脳）を読み取る作業も加えられ、さらに高度な処理が必要となります。このようにワーキングメモリーは知らず知らずのうちに生活の細かいところまでたくさんの場面で活躍しています。

ワーキングメモリーは以下のようにまとめられています。それは意識の座、内なる目、そして自己意識そのものであるとも言えます。

①今やっていることを意識にとどめておく
②今やっていることを続けて行う
③順を追って行う作業の模倣
④今やっていることを過去の記憶と比較する
⑤これからやることを過去の記憶と比較する
⑥少し先まで推測する
⑦現在の自分の状態を省察する
⑧時間経過の意識
⑨一定のルールに従った作業の遂行
⑩個々の作業の前後関係の調節

このまとめを見てお分かりになる方もいると思いますが、これは試合とその練習そのものです。その「内なる目」が正確に自己を見られない状態が「スランプ」であると思っています。

また、ワーキングメモリー機能は経験記憶に基づくものです。自分自身に関する情報を意識的に保持しつつ組み合わせて自分をコントロールすることに使われています。また、長期記憶情報を「長期ワーキングメモリー」としても保存し、全体のバランスで記憶情報を管理しています。

私はこの点に着目し、指導する選手の現在のどこに錯誤があるのか限られた情報から探ることとしました。

当日、話を聞いてみると意外にすぐ見つかりました。

それは、この選手が突きを速くするために徹底的に行なっているトレーニング方法だったのです。

どの部分で錯誤が起きているのか

この選手は、突きを速くするために腰を回転させる力を強化するウエイト・トレーニングなどを行なっていたのです。

ここに、技術的な理解とトレーニングの関連の錯誤があり、本来生み出せるはずの力を逆に殺してしまっていたということを感じました。

「選手とそのトレーニングを指導しているトレーナーとの間での『突きの速度』の理解が違うのではないか？　他の選手には通用しても、この選手には違うのではないか？」という疑問が生まれたのです。

しかし、懸命に取り組んでいることに対して、「止めたほうがいい」と言うことは、よほどの信頼関係がなければ言えることではありません。理解してもらうことは非常に難しいことなのです。

そこで私はワーキングメモリー①～⑩のまとめのなかにあるように、どの部分で錯誤があり、どの部分を変えると理解をしてもらえるか、そして動作としてどの動きをさせれば言葉の数を減らして変化を体感してもらえるかを検討してみました。

撮影開始後、わずか数分でそのときは訪れ、そして数秒のうちにメニューを組み立て、改善の予測方針を立てました。

「突きの速さ」一つも個々人で概念が違っている

以前この選手が、「突きを速くするため」に行っていたのは、腰を回転させる力を強化するために行なっていたウエイト・トレーニングでした。私の考えでは、突きの速度を高めるためにウエイト・トレーニングを強化するということは得策とは思えません。

ウエイト・トレーニングがよくない、ということを言いたいのではありません。今この選手が一番に求めている「突きの速度を強化させるためのトレーニングメニュー」としては即効性に欠けるのではないかということであり、選手も含めウエイト・トレーナーと私とは「突き」に対する認識の違いがあると感じました。

突きは腰の回転から速度が生まれるのではありますが、腰を回す速度は筋力よりも股関節の滑らかな水平回転と柔軟性によるものが大きいのです。筋力強化を目指すと、ある程度までは速度は上がりますが、ある程度以上は可動域の制限（回転が悪くなる）がかかるために逆にブレーキの働きをしてしまうのです。そのため、前に出ている脚のひざ関節が固定され、前方への動きを妨げます。また、腰が回転を滑らかに行えていないので腕が伸びず、相手に突きを届かせるためには体を前に傾ける必要がありました。

この結果、試合中はどのようなことが起こるかというと、この選手が言葉にして訴えていた次の現象が生まれていたのです。

「刻み突きや逆突きを打つと相手にダッキングされ、潜られるのでそれを解消する技術、動きを教えて欲しい。何とかして欲しい」

私の考える「速い突き」の概念をできるだけ分かりやすく説明し、受け止めてもらえるように試みようと思いました。しかし、今現在、この選手が懸命に取り組んでいることに対して、簡単に「止めたほうがいい」と言うのは逆効果です。こうしたデリケートなことを伝えるには、きちんと時間をかけて信頼関係を構築してから行うものであり、理解してもらうことは非常に難しいことなのです。しかも、このときはまったく時間がありませんでした。

とにかく体感してもらうこと

そこで私はワーキングメモリーの①〜⑩のまとめの中にあるように、どの部分で錯誤があり、どの部分を変えると理解をしてもらえるか、そして動作としてどの動きをしてもらえば言葉の数を減らして変化を体感してもらえるか検討してみました。優秀な選手ですから、体感してもらうのが一番の近道と考えたのです。しかし、それでも時間は限られています。そう、例の無茶振り、次の件が残っているからです。

「番組の構成、都合上、二、三時間ほどの時間の間で目に見えて突きが変化し、速くなっている様子が撮りたい」

「この映像を撮影する日まで、選手とは接触を取らないで欲しい。なぜなら今回の撮影はドキュメンタリーであるから。一発本番で撮影するので、打ち合わせなどしないで欲しい」

「この撮影後、成果が出なければ、今回の撮影の映像は放送しません」

では、私が「この選手」に行なった指導内容を繰り返しですが掲載し、解説してみましょう。

①今やっていることを意識にとどめておく
②今やっていることを続けて行う
③順を追って行う作業の模倣
④今やっていることを過去の記憶と比較する
⑤これからやることを過去の記憶と比較する
⑥少し先まで推測する
⑦現在の自分の状態を省察する
⑧時間経過の意識
⑨一定のルールに従った作業の遂行
⑩個々の作業の前後関係の調節

特に重要なのが④と⑤です。現時点ではこの選手は本来の動きの良さを「自分自身が感じていない」ことが一番の問題なのです。ましてやトップの選手となれば、「誰に比べて」という、基準となる相手もなかなかいません。

そのため、自分で道を開く作業をしなければいけません。ここで、正しい道に乗れれば良いですが、最初の「ほんの少しのズレ」が最後には「大きな隔たり」を生み出してしまいます。

本人の中での「ほんの少し」は、ちょうど宇宙の星の距離のように、地球から見て右の星と左の星の角度の差はわずか一度にも満たないのに、その星と星の間が数万光年の差が出てしまうようになります。これは決して大げさな例で話をしているわけではありません。

「なるほど」と思ってもらうことが大事

まず最初に、私に向かって「突き」を打ってもらい、現在の突きの速度への選手自身の「何かうまくいってない」ということを感じてもらいました。つまり、

①の「今やっていることを意識にとどめてもらう」ことをしました。ただ、ここだけでは解決策は本人の中で見えません。

ここで私は、彼に四つほど指針を立て、提案をします。

①沖縄拳法の型の動作をやってみる。
②骨盤をリラックスさせる体操をしてみる。
③構えを変えてみる。
④その状態で突きを試してみる。

ここで重要なことは、今までの取り組みを、私が言葉で否定するのではなく、本人が動作をこなす中で、「うまくいっていた自分」と比較し、より良いものを選択してもらうことなのです。ここまで話すまで、開始して3分ぐらいです。時間が無いので急がないといけないのですが、急ぎ過ぎて私の言葉に対する信頼を得られないまま先に進むことは、まったく意味がありません。そうなったら、ここで全てが終了です。

まずは急いで変化を体感してもらい、「この方法論を続けてみたい」と思わせなければならない。そしてなにより「無意識」にその動きを行えるようにしなければならないのです。

まずはこう語りかけました。「前の脚がブレーキになって、突きが前に出なくなっている。そのブレーキが君の体を前のめりにさせて浮かせ、踏み込みも浅くなり、ダッキングもされやすくなっているんです。あと、肩や腰から動いているのがよく見えて、動作の起こりが非常によく見えてしまっている。それ以外を動かすことをやってみましょう。人はいちばん動かしやすい手から動くほうが速いんです。つまり、手から動く動作を身につけたほうがいいんですよ。

体の「内部感覚」を変えていく

ここで、「手から動く」という意味をすぐには理解してもらえないことは分っていました。組み立て直しをうまく効率よくしなければ根本的な解決にはなりません。この日だけ良くなっても近くに行われる大会などで全然使えない（「使わなくてもいいだろう」と思ってしまうこと）ということになりかねません。

その結果、瞬間的に動きが改善されても、また元に戻ってしまう恐れがある。

その場合、撮影は続行されていくようだから、試合に負けてしまう可能性がある。

私もプロとしてそれは避けたい。

ただこの瞬間に良いと思うだけではなく、「継続してやっていく必要がある」と感じてもらうことが最も大事なことでした。

私が根本的に体を組み換えようとしたスタイルは次のような動きの流れが欲しいからです。


手から動く↓最も軽くて随意的に動かしやすい部位。全身と連動しやすく、重心移動がしやすくなる。↓突きの速度が上がる。

手から動くといっても、意識してできることではありません。だから「型」を通して当然そのほうが良いということを「体感で」気づいてもらう。しかし、前に出た膝の動きが硬い。後ろ脚から腰にかけての蹴りが強過ぎるからだと思われ

図 1

図 2

技術協力：篠原浩人選手

ました。つまり、後ろ足を踏みしめて前に腰を回そうとすることで、前の膝が硬くなるということが起こっているのです。

ということで、図1の動作を行ってもらいました。この動作は、外観上から見て分かるように、足腰はセイサンの立ち方でロックし、反対側の腕は骨盤に固定して上半身と下半身が捻れることを防いでいます。この状態で前に伸ばした手のひらを回転させると、前腕だけのねじれ動作が行われます。

これは、前腕と体幹深部までが連動しているので、前腕だけの動作は全身の連動を生み出します。そうすると、手から動いただけでも、全身が動き、移動を始めるわけです。この動作を繰り返してもらうことで、「内部感覚」を変えることができます。

続いて、骨盤の回転の滑らかさを生むために、ある体操をしてもらいました。この体操は、多分野球でも同様の考え方で行われているのではないかと思います。

この時、この選手の肩の力は、必要以上に入っていて、なかなか抜けませんでした。これは、下半身の力が骨盤の回転方向に余計に圧力をかけてしまっているために、体がバランスを取ろうと必死に筋肉で引っ張り合っている状態です。

この綱引きを止めさせないと、今このときに瞬間的に良くなったとしても、おそらく「下半身トレーニング」は続けるでしょうから、そこも考えて「体が必要な状態を感じてもらう」ことを行いました。

以前も紹介しましたが、これは図2の動作です。

前の膝を柔らかくする。脚を上げておろし、後ろ脚の蹴りを控えめにして、骨盤の回転の滑らかさを優先させる→突きの速度と下半身の連動を強くする。

この動きにより、手の重さは肩の筋肉が持ち上げていると不具合であること、腰の回転には滑らかな水平旋回が必要であるということを、なんとなくでいいので体で感じてもらいたかったのです。さすがに一流選手は、言葉ではなく、体で感じ取ってくれました。ただし、ここではまだ、この良さを「受け入れる」という段階には至りません。そこで、試しに「刻み突き」を打ってもらいます。

「刻み突き」を打った選手は、自分の突きが滑らかに素早く重心移動を伴い、速度が劇的に上がったことを体感します。本人自身がこの良さを体感したら、次の作業です。

自分と比べ、人と比べない

ここで、明らかに「改良された」と選手自身が感じ取ったこの動きに関して、「一体どういうことが起こっているのか」ということを話します。

この動きは実は前々から私がこの選手のＤＶＤなどで研究していた、高校生の頃の彼自身のフォームに近い動作だということを伝えました。

これにより、本人が、「本人の中で、今の自分と過去の自分の比較」を始めます。この作業が最も大事な作業です。

一流のトップ選手だからこそ、ありがちなことなのですが、「今の自分をもう少し強化しなければもっと上に行けない」と考えることが多く、急激にウエイト・トレーニングでパワーアップを試みたりします。

私は他の競技での指導の中でもよく言うのですが、本人の今現在が良い状態ならば、そこをそのまま強化する方法を模索するほうが良いと考えています。しかし、多くの人は、自分以外の人が持っている力、つまり他人が持っているような力が欲しくて、それを手に入れようとし、多くの場合、スランプに陥ります。

自分では強化したはずなのにいい影響（結果）が出ず、むしろバランスが崩れて力が発揮できなくなる、ということになってしまいます。一般的には、スランプ状態を踏まえた上で、なんとか弱点部分を見直して、強くしていく必要があると考えられていると思います。

もちろん、長く改良を続けて行けば、どこかで落とし所が見つかり、そこに合わせて調整するようなトレーニングに変わって行くと思いますが、やはり弱点を意識したトレーニングをしなければならないという点には変わりがありません。しかも、スランプから抜け出すために長く苦しい時間を必要とします。

しかし、私の指導における理論の基本は、「自分に無いものを手に入れることは非常に難解でリスクが高いと考えます。すでに持っているもの、在るものを伸ばすことが一番リスクが低く、かつ体も心も受け入れやすい」というのが一貫した考えです。

つまり「そこから他の部分、弱い部分を徐々に強化していけばいい」このような考え方に立脚しています。

私は、この思考を原点として、指導方法を研究し、組み立てています。

「競技空手における沖縄拳法とのクロストレーニング」

という概念と、

「体を理解し、人を理解し、戦いを理解する」

という理念のもとに、多くの「トレーニング法・身体意識改革法・脳内改革法・試合戦略」を開発しています。

ここで紹介した選手指導の時期は、総合格闘技指導から競技空手への移行で、同時進行指導時期でした。手探り状態ではありましたが、多くの研究と分析、検証と実証を積み重ねていました。その時にはすでに競技空手の選手への指導が成功していたので、「今の私なら可能であろう」という確信があったのでＮＨＫさんの依頼を受けたのです。

確信がなければリスクを背負うだけでした。しかも、その指導直後の大会でその選手が負けてしまえば責任問題にまで発展しかねないと思いました。しかし、私にとってその時の指導は確実に効果を出すであろう、「ノーリスク」と判断したので引き受けたのです。

「構えの変更」を指導した目的

ここからは「構えの変更」を見て行きたいと思います。

元来、空手だろうが柔道だろうが、格闘技であろうが、剣道であろうが、構えには大きな意義がありました。

上段に構えれば相手を圧倒する、下段に構えれば相手に誘いをかける、中段構えで相手の正中線を抑えて圧倒する。相手が逃れようとしたところを打つ。

それぞれの構えに目的があり、意味があり、意義がありました。

競技の空手ではどうか？　というと、そこにもやはり漠然とですが意義を持って構えている人たちもいます。

指導した選手には、構えの変更をすることで、

・目的の理解と変更の順序を理解して、スムーズに飲み込んでもらう。
・変更後の動きやすさを体感してもらう。
・変更後の目的達成度を高く体感してもらう。
・継続をして行ってもらうように魅力を感じてもらう。

ということを重要視しました。

まず、「目的の理解と変更の順序」についてですが、要求された指導目的が

①突きの速度を上げる。
②相手にダッキングされてしまうことをなんとかしたい。
③短時間で達成する（次の大会でも結果を出す）。

ということは前述した通りです。

③がネックでした。極めて短時間で理解してもらい、体感してもらい、本人がそれを良いと思って継続して取り組んでもらえることが重要ポイントでした。そのため、①の指導で確実に体感できる、自覚できる変化を与えなければいけません。さらに、その結果が②のダッキングをなんとかする技術にまで及んでいなければいけません。

選手に「ちょっとわがままですよねー」と撮影中も冗談を言いながらコミュニケーションを図りながら、合間に動きの質を分析して行いました（初対面だったので、考える余裕もあまりないのです）。

構えの何を変更したのか？

まず、構えに関してですが、常識的には競技空手では拳を相手に向け、前傾姿勢にも後傾姿勢にもすぐに変化できるような次のページにあるような構えがオーソドックスだと思います（図3）。

図 3

それに対して、おそらく私が提示した構えは特徴的で、今でこそ使う人が多くいますが、その当時は世界大会でもなかなか見ない構えだったのではないでしょうか。

私が提示した構えは、「構えない構え」という構えです。「構えない構え」という言い方には意味があり、また構えによって何ができるかを見て行きます。

まず、構え方を説明しますと、前手を下ろし、相手に向けないようにします。そして、できるだけ半身を切ります。上半身はやや後傾気味で、前脚が上がりやすくしておきます。

ちょうど、ボクシングのフリッカージャブを打つような構えですが、皆さんも見たことがあるのではないでしょうか？　ただし、重心は後ろ脚寄りにさせておくという点がフリッカージャブの構えとは大きく違います。

ではこの構えから何ができるようになるのか、この選手の何が変わったのか見ていきましょう。

まず指導内容ですが、前述した通り。

①今やっていることを意識にとどめておく。
②今やっていることを続けて行う。
③順を追って行う作業の模倣。
④今やっていることを過去の記憶と比較する。
⑤これからやることを過去の記憶と比較する。
⑥少し先まで推測する。
⑦現在の自分の状態を省察する。
⑧時間経過の意識。

ここで大きな変更をしているのですが、このことを本人に気付かせないこと、本人に全く新しいことをしていると思わせないことが大事となります。

④、⑤の部分が重要だとは既に説明しましたが、もしあまりに大きな変更だと常に意識し続けなければならず、本来無意識に行うことが必要なのですが、それが難しくなります。

私は、過去にこの選手の高校生の頃の動きを研究していた時期があるので、そこから比較して、構えの変更を試みることにしました。
本人の中では、おそらくその時期、非常に高い評価を受けていたという自覚があったと思います。現在の方が活躍しているので、今の評価が高いのが当然ですが、人は若い頃の成功体験はとても大事で、そこからの影響力が大きいのです。

「変更の構え」実質的な目的と意義

では、私がこの時に作ったこの「変更の構え」の実質的な目的と意義を説明していきましょう。

・前手を下げることで、相手が距離を錯覚する。↓ 間合いの先手
・半身にすることで、相手が間合いに対する錯覚を起こす ↓ 間合いの錯覚
・前手を下げていることで、相手が潜り込む余地を消して、ダッキングによって逃げにくくなる（相手が頭を下げた顔の高さから突きが伸び上がってくるような軌道になるので、頭を下げることができなくなる）↓ 間合いを潰す

・前脚を上げたりすることで、常に後ろ重心になるので、前脚を下ろす瞬間、すでに全身の加速がつく。直後の流れで打つ突きがノーモーションで入っていける。　↓　起動を消す動き

・前脚を上げることで、相手は蹴りに意識が行き、刻み突きなどが反応しづらくなる　↓　錯覚

・後ろ重心とすることで、上半身に前後の移動幅ができる。そのことにより、かなり相手を前に誘い出せる。　↓　間合いの錯覚

・上半身の移動幅があることにより、相手の攻撃を避けることが楽になる（バックステップやダッキングなど）。このことにより、突きで勝負をかけられる。
↓　間合いの錯覚

・上半身の前後の幅があることにより、上半身の前方スライドが容易となり、刻み突きが速くなる。　↓　間合いの錯覚

・上半身の前後の幅があることにより、自分自身が相手を見やすくなる　↓　自分への精神的解放

大きくまとめると、このような目的と意義があります。実はこれが全てではないのですが、今現在、他の競技空手の選手の皆さんに同様な指導を行っています。そのため、技術的なことも含め、詳細はもう少し時間をおいて吟味した後に公表させてください。

この目的と意義は、簡単にいうと、

「間合いを理解し、利用し、錯覚を理解し、利用し、体の変化と合わせて戦う技法」

ということです。

こうやってみると、非常に武術的な変更であり、競技的なフィジカルな変化は一切させていません。

受け入れられやすい変更を行う

指導した選手には、この変更を受け入れてもらうために、「前脚を上げたり下げたりする」という動作を強調して指導しました。この点に関しては、彼自身の動きの中で、大きな変更と感じたことで、自分らしくないと判断したときはこの内容をシャットアウトしてしまいます。

つまり、④、⑤、の部分である、「過去の自分と比較」ということで、ズレを感じないようにこの脚の上げ下げを強調しました。

「自分が行ってきた動作で、評価が高いときの動作をするんだ」という感覚があれば、受け取りやすくなり、理解もしやすくなります。このように、小技的ではありますが、「良いものを受け入れやすく」ということが指導の中では重要となります。

では、「実際にこの変更でどのようになったのか?」という結果は、テレビをご覧になった方はご存知でしょう。

一言添えますと、現場のプロのカメラマンさんが、「明らかに変わった。これは本当に変化している。速くなっている。最初の突きはカメラのフレームに収まるぐらいだったのだけれど、今は速すぎてカメラのフレームに入らない」と話していました。

また、選手本人もそれまで見せたことのないような笑みを見せ、安心と驚きと喜びを実感していました。正直、何より選手が喜んで何度も繰り返していたことが印象的でした。

同行のプロデューサーさんも、「これなら使えます。こんなに分かりやすく変化したら、番組として成立します」との言葉をいただき、自信があったとはいえ、ホッと胸をなでおろしました。

その後、沖縄でのプレミアリーグがあり、この選手が参加し、そこで前回負けた選手に対し突きにて勝利をしていました。この時、継続して彼を撮影していたＮＨＫのプロデューサーさんとも会いましたが、二人で「よかったです」と、笑顔で握手をしたのを覚えています。

真剣に取り組む選手の一助になれば

以上のように、私自身も貴重な経験をさせていただいたこの撮影が、選手を伸ばし、改善する方法を改めて確立することもできた良い機会だったと思っています。大変でしたが、本当に良い経験をさせていただきました。

今現在、私は何人かの競技組手の選手を指導していますが、人生をかけて全力で取り組んでいる選手たちを支えたい、そして成長を共に喜ぶことに、私自身が魅力を感じています。このような関わり方は、本当に心から楽しい時間だと思っています。この喜びがあるから関わっていけますし、続けていけるのだと思っています。

後編
恐怖心の克服

後編では、「恐怖心の克服」に迫ります

私たちは武術を学ぶことによって、何を得ようとしているのでしょうか。フィジカルの強化でしょうか。人を平気で殴ることのできる精神力でしょうか。礼儀作法でしょうか。危険からの回避でしょうか。それともそれ以外のことでしょうか。

この章では「あなたは何のために武術を学びますか?」と問われた時に、答えを導き出すための材料を用意したいと思います。

第1節　人類史にみる恐怖形態の変化変容

個人として生きるにはあまりにも弱い人類は、集団を作ることにより生き残る手段を獲得しました。さらに、私たち人類（ホモ・サピエンス）は、進化の過程で生き残ることができた理由があります。それは想像力です。さまざまに想像力を駆使しながら群を形成し、やがて社会を作り反映することとなります。

しかし、同時に他のどのような生物よりも大きな不安を抱えて生きる宿命を背負わされて生きることになったのです。

恐怖に対峙するのが武術家である

私は幼い頃から武術家になるための人生を歩んできました。その私が武術家になるために学んだことの中で、最も大きいことが「恐怖心の克服」でした。私が宮里先生と初めて対峙したとき、先生があっという間に間合いを詰めて、私を制圧した、ということを前著『泊手・突き本』に書きました。あの文章を読んで、皆さんはどのように感じたでしょう。

私は素直にあの日のことを書いたのですが、多分、多くの人はこの話を技術的なことであったり、鍛錬であったり、フィジカルの強さの話と捉えたのではないでしょうか。もしそのようにお考えであれば、「そうではないのです」ということを明記しなければなりません。あの日を振り返り、私は改めて思うのですが、それはあらゆる意味を想定しても、やはり根源は一つ、「恐怖心の克服」ということが稽古されているかどうか、ということだったのです。

では、その恐怖とは何なのか。「武術家として学ぶべき恐怖」とは何か。その恐怖とどのように向かい合えばいいのか。何をもってして恐怖を克服したといえるのか。一つ一つ具体的に語っていきたいと思います。

読者の皆様は、技術的なこと、闘いのことなどの話を期待し、必要とされてこの文章を読んでくださっていると思います。なのに「恐怖心の克服？」と訝しく思われたかもしれません。しかし、少しも的外れな話ではありません。空手であろうと、他の武術であろうと、稽古の根本は「恐怖心の克服」なのですから。

人類の根源的な恐怖

多くの人は恐怖について見つめること、恐れているものの正体を知ろうとしません。しかし私たち武術家という存在は、その恐怖にどう立ち向かうのか、どのように答えを出すのかを求められている存在です。そのような根源的な課題を与えられた存在なのだということを理解していただき、武術家としての立場で少しなりと恐怖について説明していきたいと思います。

ただし、私の個人的な考えなので、そこには学術的な引用などは全くありません。前編のように理論を学術的に紐解いていく内容ではないので、つまらない話と感じる人がいるかもしれませんが、少しなりとも深く考えていただければ、人間の根源的問題として直視する必要を感じていただけると思います。

ホモ・サピエンスが生き残った理由

私たちは原始人の頃から、あらゆる恐怖の中を生き抜いてきました。その恐怖には基本的な共通性があります。それは「死の恐怖」です。それらは幾つかに分けられますが、シンプルに「天敵に捕食されることによる死への恐怖」「転倒や落下による怪我などによる死への恐怖」「病気や感染症などで死に至る恐怖」「飢餓や栄養失調による死の恐怖」などです。

これらは単純に個々人や個々の生物の事情で、それらは進化の過程において、情動を司る扁桃体で処理され、その恐怖に対する反応は小脳に格納されていきます。それらは積み上がり、小脳に蓄積され、根源的な理由のよく分からない恐怖や不安に対して特定の反応をしてしまうようにプログラムされるようになってしまいました。

また、私たち人類（ホモ・サピエンス）は、進化の過程で生き残ることができた理由の一つに、ネアンデルタール人と違いがあったといいます。それは私たちの祖先が「仮定の話」や「嘘」「空想の話」をすることができ、「虚構の話を信じることができた」ということが大きいといわれています。

そのため、私たちは見たことも聞いたこともないことや物について想像することで、視覚的にも恐怖を感じ、それにより情動が変化して感情的になり、恐れ、体を震わせ、泣くのです。

それは暗闇の向こう側にいる見えざる獣への恐れであったり、まだ訪れぬ未来のことでさえ想像し、恐怖してしまうのです。ご飯を食べた直後でさえ、「明日のご飯は食べられるのだろうか」と、そんなことさえも悩み、恐れてきたのです。それらは全て死への恐怖から始まっているのです。実際に目の前に起こるまでは空想の産物にしか過ぎないのですが……。

しかし、実際に母子だけであれば、寝ている間に非力な外敵にさえ自分の子供を襲われて食べられてしまうこともあったでしょう。そのため、人類は他者の恐怖をお互いで補い合い、他者の不安をお互いで抱えて解決できるように「群れ」

を形成しました。

自分達が生き残るためには隣の人と仲良く生きていかねばなりませんでした。そのためにコミュニケーションを取らねばならず、言語に近いもの、共通の意思疎通ができる手段を作り出していったでしょう。

しかし、群れの形成はお互いが信頼できる存在なのか、お互いが裏切ることはないのだろうか、お互いが背中を預けられるかどうかという、新しい不安や恐怖を生み出します。

そのため、人はより安心できるように強い立場、権力を持った集団のトップになろうとします。能力が高いものは群れのボスになり、力が有り続ければボスの座に居続けられます。しかし、能力が足りなくなれば部下たちから簡単に引き摺り下ろされ、常に後から生まれてくる優秀な存在に立場をとって代わられる可能性に脅かされるようになります。

その結果、人類は集団を作ることにより生き残る手段を獲得しますが、同時に他のどのような生物よりも大きな不安を抱えて生きる宿命を背負わされて生きることになったのです。

人類の永い永い進化の歴史の中で、「対人関係」という不安と恐怖を抱えた瞬間です。

塩による食物の貯蔵がさらに集団を大きく

餓死や他の捕食動物からの攻撃による恐怖は、集団を形成すること、資産（例えば食料の備蓄）を形成することで徐々にクリアしていきます。

世界最初の通貨であり資産は「塩」であったと思われます。その理由をお話ししましょう。

北欧のヴァイキングたちは北海では農業生産物が少ないために、もともと、海賊行為を行いながらニシンやサーモンなどの漁業で手に入れた魚の塩漬けを交易して暮らしていました。ニシンは高タンパクであり、塩蔵できるので保存が効き、交易の道具となり海外との交易の通貨としての役割を果たしました。

また、塩蔵することで保存期間が長いので、蓄積できる資産としての価値が生まれます。穀物類、麦などが栽培される以前は、「価値を保存できる」最初の資産とは、塩蔵物すなわち「塩」だったのです。この塩は近代の「冷蔵庫」が生まれるまでは、同様の役割が数千年も与えられていたものです。

このように保存性の高い食料などを大規模に作れば作るほど資産は増え、コミュニティを大きくすればするほど、それ自身がパワーとなり、対外的な強さと価値をもたらしました。このパワーはコミュニティ内でも抗争を生み出し、大きなコミュニティは、より大きくなるために生産のための領土が必要となり、対外的な紛争をもたらしていきます。

自分達が生産する財産、資産をより効率良く増やす方法は、隣の国で作り上げた資産や財産を略奪することです。侵略と戦争。これらは元々野心や野望ではなく、コミュニティを拡大し、成立させるための手段だったのです。

隣人との人間関係を恐れることに変化

そこから人は、「餓死や獣に襲われる恐怖」から、「隣の人に襲われ、奪われる死の恐怖」を抱えて生きるようになったのだと思われます。

現代社会において、飢餓や獣に襲われて死ぬという確率や可能性は限りなく低くなってきています。だから、誰もそんなことで悩んだり苦しんだりはしていません。少し情報を集めれば国やボランティアの団体の方々の手厚い保護もあります。

しかし、生の恐怖が死の恐怖を上回り、対人関係の問題によって高いストレスを受けると死を選んでしまったり、他者との関わりを絶ってしまうこともあります。これらは全て、「奪われる恐怖」という死の恐怖からの派生物なのです。

ここで他の生物とは違う、人類特有の「想像力」により、ありもしない「死の恐怖や危機を」を感じ、人は常に他者に対して恐怖心や不安を抱えながら生きていく状態になってしまいました。

そこで人は奪われない生命の代わりに、その同等の価値である「存在の価値」というものを奪われる恐怖を感じるようになってきました。自分自身が世の中で必要とされているのだろうか。価値があるのだろうか。それを生命の存在価値として見るようになってきました。もうすでに、人類は飢餓の恐怖や獣に襲われる恐怖はほとんど存在しませんが、人生の見えない暗闇の先や、隣人関係において自分自身の価値を奪われる恐怖心を持つようになってしまいました。

生存のために他者との間にルールを設ける

この恐怖は古代ギリシャで洗練された奴隷制度が確立してきた頃には、もっとはっきりとしてきました。人の価値は労働力として認識されるようになりました。労働を良しとしない国家体制は、自分たちの代わりに働く、より多くの奴隷を獲得するために、世界中で戦争を起こし、捕虜や国自体を隷属化させていきます。しかし、それは自分の国も同様に奴隷化をされる可能性があることと同義であり、そのリスクを抱えた社会を作ることになりました。

自分が奴隷にされる、あるいは価値を奪われる恐怖をどうにかして減らしたい、日々の不安を払拭したいがために、人はルールを作ることにしました。社会的なルール・対人関係のルール・法律・慣習・行事・祭事など、権威を持つことができる人は権威を維持できるように国内外で外交を行い、資産を守るためには法律や統制の取れた軍隊を作ることにしました。

元々、軍事力と商業行為というのは世界的にはセットであり、例えば16、17世紀のキリスト教のイエズス会のように、宣教師と商人と軍隊がセットとなって動くものもありました。それらは全て、すでに資産を持つものたちがその資産を守るため、増やすための方法でしかありませんでした。そして軍事力とは、それらを守るための道具に過ぎませんでした。新たな商業地開拓、航路開拓のためには軍事とセットで移動し、その軍事力は王や王女、国家が担保し、商人たちと利益を分け合っていました。これにより、帝国主義的な社会が生まれていきます。

守ることが武術を生み出す

ここで一旦まとめてみると、武術・武力・軍事力の発祥は「資産や価値を奪われないための手段」と「資産や価値を奪うための手段」というものとして威嚇(いかく)するための手段としての存在だったのです。現代的な解釈は少し違うかもしれませんが、日本の侍の発生も元々は荘園を守るための護衛集団でした。お寺も元々は僧兵という人たちがいて、基本的に武力で寺に所属する資産を守ることが目的で存在していました。

資産を守る、人を守る、保護する、威嚇する、これが侍や武術家の起源となります。

琉球でも同様のことが行われ続けました。歴史をみれば世界中で時期の差こそあれ、同様の世界が繰り広げられていったことは周知のことです。**人類は自らの恐怖を克服するために、誰かに恐怖を与えることを選んできたのです。**

第2節　現代社会生活に活かす武術

武術、武力、軍事力の発祥は、資産や価値を奪われないための「手段」であり、資産や価値を奪うための「手段」であると前節で解説しました。「手段」とは具体的には「威嚇」であり、そこに「恐怖」の存在があることを示しました。武術や武力の役割とは資産を守る、人を守る、保護する、そのために「恐怖」を用いて威嚇する、これが侍や武術家の起源でした。

人類は自らの恐怖を克服するために、誰かに恐怖を与えることを選んできたのです。それはほんの数十年前には世界大戦という形で、世界中を互いに恐怖の中に叩き込むという形で行われました。世界大戦の不幸を深く省りみても、やはり現在でもさまざまに形を変えて恐怖による威嚇は世界中で行われていることなのです。

現代社会で武術を身につける意義

この後編の目的は、私の思想信条を書きたいというわけではありません。武術というものが発生した理由、そしてその役割、必要性、そして現在における武術の価値のあり方について説明していこうと思っているのです。それを解説していくことによって、私たち武術指導者が武術の価値を高め、理解し、この世界に必要な存在として後世へと繋いでいくことができるようになると思います。

では、現代において、私たちは何を奪い合い、何を奪われることを恐れているのでしょうか。そして、私たちが目指すべき武術の価値とは何なのか、この点から書き進めていきたいと思います。

武術というと、世間的には一見暴力であったり、あるいは何か不思議な技のようなところがあると思います。実際に過去には暴力装置の一つであったこともありますし、現在では武術系の方々がメディアに多く登場し、武術自体が「不思議な芸」のような位置づけになりつつあります。

では、武術が使えるとはどのようなことでしょうか。相手に殴られたときに対処する方法でしょうか？　相手に手を掴まれたとき、不思議な要領で投げ飛ばすことでしょうか？　あるいは、殴って威力がある打撃を与えることでしょうか？果たして現在の日本社会のどの場面でそんなことを使うというのでしょうか。

私は一貫して「武術とは生き残る術」ということを言ってきました。その「生き残る」とは実際どのようなものなのか。それでは、ここから事例を上げてお話ししていきたいと思います。

企業内研修に武術を応用

実は、以前私は企業内研修の講師を務めたことがあります。意外に思われるかもしれませんが、ご紹介する内容を知れば、ご納得いただけると思います。

それは、一部上場企業の株式会社ブレインパッドさんという会社における研修講師でした。事前に同社が希望している内容をお聞きし、同社向けに企画・構成し、企業内研修を行ったものです。

このような研修において、最近具体的に企業側からよく出される要望の一つに、

「新型コロナ禍において、人間関係が希薄になり、社員と経営側が一体感を持つことが難しい。関わり方を深くするにしても、リモートの時代になってしまい、なかなか社員を繋ぎ止めることも難しい」というものがあります。この要望を受けて、私が沖縄拳法で学んだ武術的な向き合い方としての方法論を、企業内で、あるいは社会生活に活かせるように作り上げ、講習内容としました。

株式会社ブレインパッドさんでは、会社社長、会長、コンサルタントの方々にもご参加いただきました。「これほど大切なことが、こんなにシンプルに構成されていて、目から鱗が落ちるとはこういうことですね」と大変好評をいただきました。

武術は特殊な世界のように見えるかもしれませんが、実際には人間の営みの中で、「生き抜いていく技術」そのものなのです。当然といえば当然なのですが、一部上場企業の方々が求めていることの答えもそこにあったのです。

その研修の中でワークとして行ったのが、『間合いと角度のワーク』というものです。

例えば、人と人が向かい合ったとき、お互いにどのようなことを感じるのか。

その関係性はどのように変わっていくのか。時間と共に変化していく、それぞれの各自の心の内側を見つめながら、関係性がどのように深まるのか、理解しあえるのか。あるいは、何が問題なのかを見ることができます。

このワークの基本概念は、「武術の闘いの考え方」そのものです。

私が以前から「戦いとは間合いそのもの」ということを主張してきたことを思い出してください。しかし、実際のところ、このことを正しく理解してくださった方はそれ程多くはなかったかもしれません。むしろ「何のことだろうか？」と感じた人が多いのではないでしょうか。

私が講義した内容のポイントを以下に書き出してみましょう。「何のことだろうか？」の答えが分かると思います。

次のことを調べましょう、という内容でした。

①人は人と真正面から向き合うときは戦いが始まる。
②相手の品定めをし、相手の感情や欠点を探し出す。
③もしくは、品定めをされることを恐れ、相手に感情や欠点を探されることを恐

れて隠そうとする。
④それはどちらが勝てるかという比較であり、それは闘いである。
⑤そのときにどのような距離感と角度にいれば、相手に警戒心を持たせず、相手が比較しようとしないか。
⑥どのようにしたら自他ともに警戒心を持たず、フラットな状態で接することができるか。

人と人との距離や角度は、物理的なものと心理的なものの二つがあります。心理的なものは物理的なものに影響を受け、実際の距離とイメージする距離は違うものであるということ。それらはいくらでもコントロール可能であり、それこそが武術そのものであるということ。と、まあ分かりづらいかもしれませんが、それらを分かりやすくワークで行いました。

行ったワークの本質は、「人と人はある一定の距離より縮まると、何か奪われるような警戒感を持つ」ということにつきます。警戒感とは何か？　それは、相手が何か奪っているのではないか、奪おうとしているのではないかという「恐れ」

から生まれるものです。

つまり、前節で述べたように人類は進化の過程において奪われることへの恐れから、「奪われる前に警戒をしておく」ということを身につけたのです。そして、それは実際に触れられる前に、相手との間合いが密着する前に始まるのです。

これは相手がいてもいなくても同じようなことが起こるのです。例えば、テーブルの上のコップを取ろうと手を伸ばすとき、皆さんは体が前傾したりして重心が少し前に崩れると思います。皆さんは手を前に伸ばして体のバランスが崩れた、だから重心を戻そうとしたのだと思うでしょう。実は、それは間違いなのです。

脳の中では、イメージの中でコップを取ろうと頭で考えた瞬間、重心を逆方向に引き戻そうとしているのです。これらはいわゆる生命維持の考え方である、「ホメオスタシス（恒常性維持）」という働きによるものと同様のものです。

元に戻そうとする不思議な力

例えば、運動をして体温が上がった場合、体は体温を元の体温に戻そうとします。運動前に36.5度だったとしたら、運動後に38度まで上がるかもしれません。上がった体温は、体の中の酵素反応やエネルギーの代謝を促進したりしてしまうので、無駄なエネルギーの浪費を起こしてしまったり、疲労が溜まりやすくなってしまいます。そのため、体は自然に汗をかき、汗が周辺の空気に触れて揮発する際に体温も一緒に奪うことで気化熱として体温を下げ、それを防ぐようにします。

人は意識して「汗よ出ろ」と願ったとして出てくるものではないのです。体の表面にある感覚器や、体内での代謝の様子を脳がモニタリングすることで、自然に起こっていることなのです。

また、バスの中などで立っているときに急ブレーキが踏まれた場合、体は前方にそのまま転がっていくかと思いきや、瞬時に隣にある金属の手すりや座席の取手などを掴んで耐えたりします。ほんの一瞬なので、思考する暇はほぼありません。ほぼ無意識に、体の中のバランスの崩れや景色の変化を察知して、バランスを崩さないように、そして、前に転んで怪我をしないように、無意識の働きで瞬間に元に戻そうとするのです。

前方から人がぶつかって来そう、または誰かが両手で押して来そうな素振りをするだけで、実際に押さなくても、近づいて来ようとするその姿だけで、人は押し返す力をホメオスタシスのように自分の状態を安定したいつもの状態に戻すホルモンのような力というのは、体性感覚、バランスや体の姿勢の崩れなどにも働いたりしているのです。

その本質は「安定した状態が崩れること、自分の生命維持のための状態が変動すること、それらは全て自分の体への脅威だと感じ、元の状態に戻そうと意識的にも無意識にも体と心は働く」ということです。そして、それらは、脳内での空想、想像上のことでも同じように行われており、「考えただけで変化すること、考えただけで変化を元の状態に戻そうとすること」、が行われています。

恐怖を押し留めて安定化していても…

先にも書きましたが、人類が他の類人猿と違い、生き残り繁殖した理由が、身体的な強さや個々の能力の高さではないという研究があります。お互いが相手のことを想像し合い脅威と感じたり、その恐れに端を発した誰かの思い込みや想像を通して、弱い者同志がまとまり協力し合い、その想像力の高い者をリーダーとして群れとなったことが大きかったといいます。

災害のような同時に共通する恐怖の対象や、その安定した状態を奪うような存在は「自分自身の生命を奪う存在」として恐怖の対象となってしまいました。

しかし、それらは生命を維持する根源的な深い部分での恐怖心として残るので、表立って恐怖して動けないということはなかったのでしょう。その恐怖も群れの中で役割分担をして、外的や恐怖の対象に立ち向かうための知恵を集めあい、補い合い、克服していったのでしょう。しかも、その恐怖心は、群れにいる限り簡単に表に出す必要性もなくなります（安定化）。

ただし、**次第に心の奥深くに隠れるようにしていながら、表に出るタイミングを待っているのです。そしていつしか、ふとした瞬間・場面で表に出てくるようになってきます。それが「怒り」です。**

皆さんはどのようなときに怒りを覚えるでしょうか？

誰かに暴言を吐かれたときでしょうか。それとも殴られたときでしょうか。家族に危害を加えられたり、ニュースで誰かが酷（ひど）い誹謗中傷で辛い思いをしていることを見たときでしょうか。多分そのような答えが出るのではないかと思います。

でも、よく考えてみましょう。まず、誰かに暴言を吐かれたとき、それが全くあなたの気にもしていないことであったり、相手が見ず知らずの人であったり、内容が自分に当てはまらない場合は、怒るよりも不思議に思ったり、驚いたりする方が先ではないでしょうか。

では、相手に殴られた時はどうでしょうか。試合や格闘技の最中のことを考えてください。それは殴り合いをしているようなものです。ですから、その度に怒っているということではないということは理解できます。つまり、殴られることがそのまま怒りではありません。

それでは、家族に危害を加えられたときはどうでしょうか。もし私が家族に危害を加えられたら、まず家族が心配なので病院に連れて行ったり、警察に連れて行ったり、安心させるために安全な処に連れていくことを真っ先に行うのではないかと思います。

いわんや、ニュースで「誰か知らない人」が酷い誹謗中傷を受けているのを見て、私がなぜ怒らないといけないのでしょうか（もちろん、私も義憤に駆られるときがありますが)。

私が言っていることは、決して頓知話(とんち)のようにあえて外しているわけではありません。私が言いたいのは「怒りとは、そのままの自分に向けられた害意に対してすぐ発生するものではない」ということを言いたいのです。

想像力という武器のすごさ

最後の質問を少し考えてみましょう。怒る前に本当ならまずはこの人が誹謗中傷を受けていることが可哀想だなと考え、次にこのようなことが自分の身にも起こったらどうしよう。それは嫌だと、こんなことは起こったらダメだと怒り出すかもしれません。そして、その後にこのようなことが無いようにするにはどうしたら良いのかを考えるかも知れません。

誰かに危害を加えられたり、自分の家族を傷つけられたり、自分の持ち物を奪われたり……、そのときの喪失感や恐怖感は想像することは可能でしょう。想像したからといって、すぐに恐れを感じて外に訴え出すような、そんなことではないはずです。

あるいは他人の理不尽な話を聞いたそのときは、すぐには怒りというアクションは示さなくても、何かしら自分にも起こり得ることなのじゃないだろうか、と「恐怖」として心に引っかかってしまいます。

その恐怖感は、簡単に表に出す必要性もなくなり、次第に心の奥深くに隠れるようにしていながら、表に出るタイミングを待っているのです。そしていつしか、ふとした瞬間、ある場面で急に表に出現します。それが「怒り」です。しかし、その原因となる恐怖の対象は、よくよく考えてみないと分からないものなのです。

私は恐怖とは「自分から価値があるものが奪われる」ことにある、というようなニュアンスで書きました。では、なぜ見ず知らずの他人の価値が奪われることに対しても、人は恐怖を感じ、それが怒りとして出現することがあるのでしょうか。

それは、前節でも解説したように、人は想像力という武器を選択したからなのです。想像力は武器でありながら使い方は「自分の弱い部分に、不安と恐怖を抱え続け、それゆえ生存する」というものです。その結果、想像力は人に起こったことを自分に起こる可能性がある、または起こるかも知れないこととして感情を「創作」し、それに対して怒りを感じるようになったのです。つまり、他者への理不尽な事件への怒りの正体とは「原因不明の自分への脅威に対する防衛反応」と言っても過言ではありません。

不思議なようですが、「怒ることで自分を守る」ということを拡大させて解釈しているのです。

一つ例を挙げてみましょう。テレビのワイドショーで、あなたとは全く関係のない、ある芸能人の不倫の話をあなたは観ています。ルポライターとか芸能人たちが、専門家でもないのに「こんなことはダメだ」とか「許されない」という怒り混じりの話をしています。あなたもこの画像を観ながら腹を立てていることはないでしょうか。人によっては、くだらないと思うかもしれませんが、テレビの前の主婦が怒りを感じていることは想像できると思います。多くの人がその不倫事件を起こした芸能人を嫌い、お茶の間から締め出し、テレビに出てくることを忌み嫌い、やがて騒動を起こしたその当事者はテレビ番組から姿を消していくという事例はよく見聞きすると思います。

テレビの前の主婦たち（主婦に限りませんが）は、このようなことを社会的に肯定されたり、「不倫を有り」だとしてしまう風潮は、直接的ではないにしろ、自分の家庭に及ぶかも知れない問題として想像してしまうのです。だから徹底的に叩き潰さないと、自分の立場も危うくなったり、それに乗じて夫婦間でも問題が起こるかもしれないと、遠からず想像します。それにより、恐怖を感じ、それが二次的に怒りとして現れてくるのです。

不倫という例だと伝わらない人でも、例えばＤＶ（家庭内暴力）という事例だとご理解いただける人もいるかもしれません。自分の家庭で起きてはならない、想像するとかなり恐怖だと思います。つまり、私たちは私たちが直接手に入れた情報以外の、自分達が人生で抱えている恐怖を元にして、怒りという感情を生み出しているということです。

そして怒りの正体とは、瞬間的な感情の一つではなく、自分から何かが奪われたりすることに対する恐怖、それを防ぐための防衛反応なのだということがお分かりいただけたと思います。

怒りの原因　～ある相談に対する回答～

私が企業研修の際、社長さんからある社員について相談を受けたことがあります。その事例を次に紹介します。

社長さん曰く、「仕事の能力と技術に関しては何の問題もない優秀な社員なのですが、いつも何かにイライラしていて同僚との関係がよくない。常に尖って(とが)いて周りと問題を起こし、孤立してしまう。このままだと退社してしまう可能性も出てきたのです。しかし、会社としてはこの人の仕事上の能力を失うのは回避したいのです。彼女の性格をなんとか改善してもらって、会社に留まって欲しいのです」というものでした。

私は社長さんにいくつかの質問をしました。

「社長さんは、同僚との関係についてこの方と直接お話しされたことがありますか？」

「はい、私の前では色々喋ってくれて、文句も言われましたが、良い感じで話せました」

「それで、なぜこの方がイライラしているのか、原因は分かりましたか？」

「この方が言うには、自分でもよく分からないというのです。誰かに不満があったり、悪い感情を抱くわけではないのだけれど、少しのことでイライラしてしまうとのことです」

社長さんのこの話で、やるべきことが明確になりました。それで、次のようにお話しました。

「この方のイライラの原因は、周りの人とは関係ありませんよ。本人もなぜイライラするか原因が分かっていないんです」

社長さんは、「えっ？」という顔をされました。

続けて私は、「原因は、この方が覚えていないほど子供の頃のものです。だから、今それを他の人にぶつけても解決しないし、むしろそんなことをしてしまう自分にイライラしているはずです。そのように伝えてみてください。そして、本当は自分はどのような姿でいたいのか、周りとはどのような関係でいたいのか、それを尋ねてみてください」と話しました。

社長さんは、半信半疑ながらも承諾してくれました。

「その原因を探るような話をした方がいいのでしょうか？」と尋ねた社長さんに、それは必要が無いことをお伝えしました。ここから先は、なぜ必要が無いのかという、社長さんと私の会話です。

「その原因が分かったところで、結局解決することはありません」

「原因が分かったら解決するのじゃないでしょうか？」

「ここに私がある専門家に聞いた海外でのお話があります。ある女性がものすごいトラウマを抱えて、退行催眠という方法で、子供の頃の記憶を呼び起こすようにして催眠術をかけました。その女性は子供の頃まで戻ってもこのトラウマの原因が見つからず、どんどん過去に遡って行ったところ、生まれる前、つまり前世、何千年前のエジプトでの人生を語り始めました」

「それは本当のことなのですか？」

「それはわかりません。脳が作り出した虚像かもしれません」

「それで、前世のことが分かったら問題は解決したのでしょうか？」

「いえ、実は全く意外な展開になってしまったのです」

「意外な展開といいますと？」

「はい。実は現世でのお父様が前世でも親子だったとのことです。そして、その女性は前世でお父様に殺されてしまったとのことでした」

「それは前世での話ですよね？」

「そうです。実際には今は普通の親子として暮らしていました」

「では、そのときのことが原因と分かった彼女はトラウマが解決したのですか？」

「その逆で、前世で殺されたことによって今のトラウマが生まれた、と言ってお父様を訴えたそうです」

「えっ？　今の時代で殺されたわけでも、仲が悪いわけでもないのですよね？」

「そうです。私が聞いた話ではそういうことでした。このことから、海外でも退行催眠によるトラウマの解決は行わなくなったとのことでした」

「では、今はそういうトラウマ、恐怖心はどのようにして解決してるのでしょうか？」

「あまり恐怖の原因を探り過ぎず、将来的な理想像、自分の新しい理想のゴールを作り、そこに向かっていくという方法が主流となっているようです」

「なるほど。では、うちの会社の女性も、過去に原因を無理して探るのではなく、これからの新しいゴールを設定することに心を向けることで、原因不明の怒りや恐怖心は消えていく、または変化していくかもしれない、ということですね」

「そうですね。まずは原因が分かっていないということを受け入れること。それで周りの人の責任ではない、ということが分かってきます。そうしたら、自分の現状以外のところに人生のゴールを作り上げることで、理想の自分に向かって進み変化して行けるということです。過去の誰かの人生の影響で生きるのではなく、自分で作り上げた新しい自分の理想に向かって生きていくことが大事なのですよ、と伝えてください」

以上のようなお話をしたことがあります。

武道修練を通し物事を正しく見る目を養う

私は、かなり昔から自分を見つめて少しずつ成長してきました。それゆえ「恐怖の原因や自分自身が怒りを感じることの理由」も常々考えて生活しています。

それでも「今恐れているコトは、もう二度と起きないコト」だと気づくまでにはとても時間がかかりました。

一般的に、子供の頃に言われた心ない言葉での罵倒や、暴力、いじめなどは心に深い傷を残してしまう場合がある、といわれます。しかし、本来はそのこと自体で人の心や魂は傷がつくわけではありません。傷を残す、つまり記憶の深い部分に刻みつけることで、いつ同じ恐怖が来ても対応できるように警戒しているのです。

これは、実際は「怒りで反発して対抗できる」と思い込んでいるだけかもしれません。なぜなら、何十年も前に起こった自分の価値を奪うような事件は、もう二度と起こらないのです。

それを「もう一度起こったらどうしよう」と、警戒し続けていることが現在の対人関係の不和や、イライラ、怒り、感情の起伏の激しさに繋がっているのです。特に瞬間湯沸かし器と言われるような、怒りっぽい人は常に原因不明の「自分の価値が奪われる何か」を警戒して準備しているのです。

私たち武道家、武術家は稽古を通して人、武器などの恐怖の対象と向かい合うことで、その心の起伏を減らしていくことを学びます。

稽古の中で、恐怖と感じていることが本当に自分にとって恐怖なのか、ただの感情なのか。そもそも感じていることが正しいのか、すでに歪んでいるのか、そこを見つめる作業をし続けることができるのです。

ここまでを簡単にまとめてみます。怒りが生まれる原因として恐怖があり、恐怖への反応の一つが怒りであるということをお伝えしました。

そこで、その恐怖の根元を探り、それを解決しようとしたところ、退行催眠のようなやり方では逆に問題が生じる場合があるということが分かりました。そのため、過去に対して原因を追及するのではなく、未来に対して新しい理想像を作り上げていくことが重要であるとお話をさせていただきました。

私たちは「恐怖」に端を発してどのような事態に陥っていくのか、それがなぜ起こるのか、ということをなかなか理解できていません。本来「恐怖とは何か?」という問いは一般的な話のような課題ですが、実はとても武術的な話なのです。恐怖の原因を探りながら、次の節で武術との関連をさら前に進めたいと思います。

第3節　親の影響と恐怖心

皆様は、これまでの話を、どう受けとめられたでしょうか。興味的な話ではあるが、武術とは関係がないとお考えになるかもしれません。一見そのように見えるかもしれませんが、当然のことながら深い関わりがあります。しかも、それは単に大まかな概念という意味ではありません。武術的に「必ず生き残らなければならない」という、直接的で、かつ技術の根幹にあることが「恐怖」に対する理解と克服なのですから。そしてその恐怖の根源を冷静に見つめなければなりません。

武術家の伝えるべきこととは

近年、多くの武術論や技術論が取り沙汰されたり、特に空手や武術に限れば何が正統だとか、誰が正しい継承者だとか、色々なお話しが出ています。

私は正直、今、世間で語られている武術論を見ても、技術論を見ても、枝葉末節の話と感じています。私としては、それに対する意見は本来武術家、武道家が語るべきことではないと思っていましたので、あまり言わないようにしてきました。理由は簡単です。巷の技術論に関していえば、あまりにも科学的知識が浅く、再現性の乏しさと商業主義的な主張に過ぎない論が多いことで、私が思う武術家の姿、武道家の姿、人としての姿ではなかったので、関わりたくなかったのです。また、そのような方々は、地道に人を育てたり関わったり、自分の技術を純粋に成長させ続けて行こうというわけでもなく、見た目の派手さと集客のための技術であることが明白です。

そして、当然といえば当然ですが、そんな人たちほど自分の本来の価値を信じることができないので、どんどんメッキの上にさらに色を塗ったり飾りを貼り付けたりします。当たり前の話ですが、塗った色はメッキの上の色なのですから、常に不安であり、どこまで行っても自信など生まれるはずもありません。こうした本質の問題は大いに人間としての誠実さに繋がることであろうと思います。

私は、過去に世界中のあらゆる場所で技術講習会を開き、参加者に体験をしてもらいました。日本で活動をし始めてからも年間20回ほどのセミナーを20年間開催し続けてきました。数にすれば数百回でしょう。その中で私なりに誠実にセミナーを行う、誠実に技術を伝える、人と接することを真剣に考えました。私にとって武術に向き合うことは、生きることに向き合うことそのものなのです。

そのため、悩んだ挙句「不思議な技」や「打撃力の自慢」のようなことをほとんどやらなくなりました。本来私たち武術家が伝えるべきことは、人としてのあり方なのですから、そんなことを教えても意味がありません。そう意識するようになってから、「価値を感じてもらえないのではないだろうか？　あるいは、価値を奪われてしまうのではないか！」そのような、恐怖は段々と感じなくなってきました。

こうしたことを意識するようになってから、心の中から恐怖心が薄まっていくことが分かりました。

「自分の持っている価値をどのように知ってもらえば良いか、知ってもらわなければ信頼されないのでは？　どう見せれば良いか？」こうした考えを止めることで、本当の自分の価値に気づいたのです。

湧いてきた根拠のない信頼と自信

「何を持っているから。何ができるから。どれだけ鍛えているから。どれだけ格闘経験が豊富だから」で、得られるような自信ではなく、自分自身に対する根拠のない信頼と自信が生まれてきたのです。

それと同時に、あらゆることに対する恐怖心が薄れていくことが分かりました。

- **簡単に言えば、相手が殴ってくることが怖くないので、よく見える。**
- **相手が武器を使って攻撃してきても、怖くないので指で弾いて逸らすことができる。**

・向かい合った相手が自分の敵意や威圧感を私に弾き返されて勝手に恐怖してしまう。

・世界の全ての速度が「遅く」感じられるようになった。

実は、現実世界の中での自分の速度の遅さや自分の中の躊躇い、身動きの遅さは恐怖心が生み出していたのです。

自信と恐怖は背中合わせのような存在であり、恐怖を知ることは自信を生み出す根源だということが分かったのです。

しかし、こういうことに気づけないと、結局は心に「疾しさ」が残ってしまいます。

誰かを騙していたり、誰かに嘘をついたり、誰かを利用したり、誠実なふりをしたり、良い人のふりをしたり。自分の自信の無いところを埋めようと隠そうとすること、そういうことをしなければ自分の価値が奪われてしまうのではないかという恐怖心からそうするのです。

そんなことをしているから、心の中には疾しさが残り、いくら自分が価値があると、正統な存在であると訴えても、どんどんその疾しさは自分の心を蝕(むしば)んでいくというわけです。

自分の中の「足りない何か」を見つけられずに一生懸命穴埋めをしようとしているのに、埋まることのない穴だということに気づかないからです。

そして、もちろん気づいていないのでその人の責任でもありませんので、誰かに当たる理由もありませんが、どうしても自分の中には穴があるので、「誰かの価値を奪うことで自分の足りない価値を埋める」という作業をし始めるわけです。

その結果、人は誰かから価値を奪う、引きずり下ろす、相手を傷つけようとすることをし始めるのです。結局、自分という存在に価値を感じ切れないということが生み出す悲劇であり、喜劇でもあるということがお分かりになると思います。

武術家の戦略を見極めれば

心の弱い人は、自分の弱さを認められず、見つめられず、解決しない恐怖心や埋められない劣等感を他の方法で埋めようと相手の価値を奪おうとします。相手を傷つけたり、価値を奪えば自分が輝く、自分が勝つと思っているのです。

ここまでお読みになっていかがでしょうか？　私が一体全体なんの話をしているのか不安を与えてしまったかもしれません。明確にしますと、**武術家は、自分の心の強さを作るために自分の恐怖と向かい合い、自分の価値を見出し、その自信で恐怖を克服し、逆に「人の心の弱さ」を利用して相手と闘い、勝つという道理の話です。**

では、その利用されて負かされてしまう原因となる「心の弱さ」はどこから生まれるのでしょうか？

私はさまざまな人たちから色々な相談を受けますが、強烈な劣等感を抱えて悩んでいたり、生きづらい世の中で苦しんだり、誰かが許せない、怒りが収まらない、世間の目が辛い、家族とうまくいかないなど、幅広い相談を受けます。私が見たところ、みんな自分の中の「足りない何か」が見つけられないのです。

しかし、私はとてもシンプルな克服法を毎度同じように言います。それはたった二つの方法です。

・親の価値観から抜け出すこと。
・自分だけの価値観を作り上げること。

この二つに尽きるのです。

私は「親」という個人に対して話をしているわけではありません。最初から話しているように、私たちは人類の歴史の中で、命を、財産を、価値を奪われ続けたことから恐怖心を持ち、その恐怖を克服するために暴力を手に入れてきました。それが脈々と受け継がれ、私たちの親に至るまでの法脈があったのです。

その親は無意識に受け継がれた法脈の下、子供を育て、教育し、接します。その中でどんな親であれ、親は子に対して「このような人生を歩んで欲しい」ということを願います。

しかし、それはその親の人生であって、その子の人生ではありません。ですから、この子の人生は「誰かの人生を生きる」となってしまうのです。

そして、その子が欲しいもの、手に入れたいもの、見たいもの、食べたいもの、話したいものは全て、「親が行ったこと」しか真似できなくなります。

例えば、皆さんがカフェに行ったときに、コーヒーを飲むのか、紅茶を飲むのか、それとも炭酸水なのか、それは最初から決まっているのです。

親がコーヒーが好きなら、子供もコーヒーが好きになります。

私たちが自分の判断で飲んだコーヒーは、あなたが選んだのではありません。「お母さんが好きだったコーヒー」なのかもしれないのです。

そして、自分の価値は親の評価で決まり、親の評価基準で判断する社会的評価を自分の価値と見てしまうのです。

しかし、私たちは生まれたことそのものに価値があり、個性であり、その存在自体が愛されるものなのです。そこに誰かの評価基準や、親の勝手な評価基準に沿わなければ価値が無いとされてしまうことで、人は本当の自信を手に入れられず、そうしてその穴埋めの作業を始めるのです。

猿社会を見れば分かります

よく「私の親は良い親でした」「悪い親にだけ言えばいいと思う」「価値観はみ

んな自由に持っている。親の影響なんて無い」と言う人がいます。

しかし、どんな親も同じように子供に自分の価値観を植え付けます。自由に価値観を持っているように見えますが、外国に行くと宗教観や価値観の違いに、自分は限られた価値観を持っていたのだと驚かされるのではないでしょうか。子供が勝手に宗教を学ぶことなどありません。親がその宗教の中に居るから、子供も入るのです。

私はネットで猿の動画を見るのが好きで、よく見ています。人間から羞恥心を取り去った存在が猿です。親子関係も全く変わりません。親が食べたものだけを子供は食べ、親は常に子供を自分のそばに置こうとします。子離れの時期は大喧嘩をし、子供を引きちぎるように突き放します。

人間は社会性の中に羞恥心を持った猿であり、本質的には他の動物たちともそれほどの違いがありません。自分だけは例外であるということはあまりないのです。

一番分かりやすい恐怖心の克服

生まれたばかりの赤ちゃんが、能力や労働力としての価値があるのでしょうか？　学歴や経験豊富だから必要とされるのでしょうか？　何か生み出すことができるから価値があるのでしょうか？　もちろんそんなことはありません。何があるとか無いとかではなく、赤ちゃんはただ存在するだけで価値があるのです。ところが、親は人と比較すること、誰かの子供と比較することで価値を査定してしまうのです。「何歳までにはこのぐらいのことが普通はできる」とか、「あのぐらいの年齢なら身長と体重はこのぐらい」、「テストの点数が何点以上が平均点」というような、社会が勝手に作り出した物差しで価値判断をしてしまいがちです。

そして、そのまま徐々にその人間の価値を数字で表していくようになり、いつの間にかその子は自分の「自信の物差し」を人に預けて、「誰かに低い評価を与えられはしないだろうか」と、どうしようもない恐怖に慄（おのの）いているのです。

これは「親の価値観」が生み出す人類史、そして現代社会の悲劇なのです。だからこそ私は武術家として、恐怖心に対抗する専門家として、「親の価値観から抜け出すこと」が、一番シンプルで分かりやすい恐怖心の克服であり、自信の生み出し方、育て方なのだということを伝えたいのです。

遥か昔からつながる親から子への連鎖

繰り返しですが、ここでいう「親」を、私はある特定の個人のことを指してはいません。あなたの親だけとか、友人の親だとか、あなたの敵対する人の親だとか、そういう意味合いではありません。

ここでの親とはすなわち、人類が抱えてきた歴史、人類が進化の過程で身につけてきたこと、作り上げてきたすべてのことを指しています。

そうした様々な事象があなたの「親」に受け継がれていて、それが人間の価値観を作り上げていくのです。しかもそれは簡単には取り外すことができず、まるでパソコンのOSのような働きをしています。アプリとして見やすいものであれば削除も可能ですが、見えない判断基準や判断速度、今後の動作においても影響を与えているのです。

なぜ、私がこのように人類史的な話を書いているのかというと、私たちはその人類史そのものの結果であり、それをこれからも人に受け渡していこうとするからです。

人は過去の争いや戦い、殺し合い、略奪も含めて、人間の生活史の中に組み込まれ、簡単にはそこから抜け出せないということなのです。そして、それは人としての価値の判断基準であったり、そこに有用な人間であるとか、利用価値がある存在なのか、利害関係でしか見えていないということなのです。

端的に言えば、私たちは「自己利益のための存在としての価値基準を自分の親として持っている」ことになります。

そんなことはないと思われる人が多いと思いますが、人間は自分の価値を我が子に投影します。子供の価値が上がれば、親の価値も上がると思っています。

もちろんそうですよね。無条件に愛しているつもりでも、その子が他の子に比べたら可愛かったり、いいお洋服を着させてあげられたりしたら嬉しいでしょう。

「あの子に比べてうちの子がいい子だ」と思うのは親心ですが、それは親だけの価値判断です。世間的に評価を求めて、もし他の子が可愛いと言われても、「世間は私の子供の可愛さを知らない」という判断をするでしょう。子供の価値は親がどんどん付加させられると思っているし、その判断は常に自分がすると思っているのです。そのため、習い事をさせたり、家庭教師をつけてまで勉強をさせたり、友人関係も管理して気をつけるなどして、与える人にとっての「自分が良いと思うもの」を与えようとするのです。

しかし、残念ながら「自分が良いと思う」だけであって、「その子が本当にしたいこと」ではないかもしれません。また逆に、親が真に価値がある人であれば、その子は自分が価値のある人間であると勘違いすることもあるでしょう。つまり、価値の恩恵や影響、劣等感も含めて親と子は密接に関係しているのです。

親の一方的想いの悪影響

親の存在が大きいために、親とは関係ない人生を歩もうとすると子どもは「間違ったことをしている」とレッテルを貼られているかもしれません。

「走ったら転ぶからダメだよ！」と親は心配して叱りますが、それは親が走って転んだことがあり、怪我をしたことがあるからかもしれませんが、その子はその経験を知りません。その子は「走って転ぶ経験がしたい」のかもしれません。

スポーツや競技の会場では白熱して子供の応援をする親もいたり、試合で負けた子を殴りながら「こうするのは、この子のためだ」と言う親もいます。

その子が本当に好きでやっているのなら、負けようが勝とうが怒られる必要もなく必死に練習をして、結果を出していくのです。

親にとっては「厳しく管理してあげないとこの子は頑張らない」と思っているかもしれませんが、子供からしたら「なぜ僕はこんなことをやっているのだろうか？」と疑問に思っているかもしれません。

トップ選手は好きだからやっている

私は過去にオリンピック代表の選手や、スポーツ格闘技のトップファイターなどを指導してきましたが（今もやってます）、彼らの誰一人として「やりたくないけど……」なんて思ってる人はいません。そんな人は最初から上に上がってこないのです。むしろ「みんなからすごいと言われているけど、自分は好きでやってるだけなのに褒(ほ)められるなんて、不思議だ」と思っているのです。

親は子供に自分を投影し、「あいつは俺が厳しくしないと結果を出せない」と言っているだけなのです。自分の価値を上げるためなのに、自分ではなく本当はやりたくないのにやらされている子供に責任を押し付けているのです。

また、逆のことも言えます。子供は子供で自分の力でも能力でも何んでもないのに、「親が金持ちだから」といって自信を持ち、「家が貧しいから」という理由で自信を持てずにいるのです。その子の価値はその家に関係しません。その家の価値を欲しがる人たちが、ただ単に集まったり、お金が欲しかったり影響力が欲しくて集まっているだけなのです。

知らず知らずのうちに権威に左右されていないか？

私の好きな本の一つに、なだいなださんの『権威と権力』という本がありますが、そこにも書いてあるように、人は権力を持ちたいがゆえに権威を作り上げるのです。つまり、王様がすごい人なわけではなく、王様をすごいと言う人たちが王様という存在の価値を高めようとします。その結果その権威を使って自らの権力を振うのです。

ちょうど同じように、親が金持ちだからという子供は、親の権威を知らずに利用して、得をしているという気になっているのですが、物事の真実にいつの日か気づいた途端に、生きる自信を無くしたり、その穴埋めをしようとして狂い始めます。

家が貧しいのは子供の責任ではありません。子供はただそこに生まれているだけであり、その能力や存在価値が否定される理由にはなりません。

しかし、裕福な家に生まれた子供はそう思いたくても社会的な目で「あの貧しい家とは近づかないほうがいい」「人は貧しいと悪いことをするから関わらないほうがいい」などと、自分が経験したわけでも見たわけでもない「社会的価値判断＝親の価値判断」で、勝手に他人の価値を査定し続け、「貧しさ」を社会的に排斥しようとします。

親の劣等感が子供に伝播

その家が貧しくなったのは親のせいかもしれませんが、親もそうなりたくてなったわけではないでしょうし、これから経済的にも良くなる可能性もあります。またその子がその経験を土台に社会の厳しさを知り、どうやったら自分の価値を高めることができるかを考え、経済的成功や社会的地位を得るために努力するかもしれません。

しかし、今度はそうやって成功した人は「お金がないことは悪だ」「お金が全てを解決してくれる」「権力が全てだ」という価値観になる可能性だってあります。そうなってしまうと、その人の子供はその価値観を身に付けさせられるような、そんな幼少期を過ごしてしまうかもしれません。

これは親の劣等感が子供を通して再生産されていくことであり、子供には最初からそんな物がないのに無理やり劣等感を植え付けられてしまうというわけです。つまり、親が「この子の価値を高めること」と思い込んで行っている行為が、本来無いはずの劣等感と恐怖心をその子に植え付けることになってしまっているのです。

これが人類が脈々と続けてきた生活史であり、それが冒頭に特定の個人ではないと言及した「親」なのです。

私はそれが悪いことだとは少しも思っていませんし、それが人間なのだと思っています。ただし、人が人の価値を感じられるということが、「人が自分の価値を奪うことへの恐怖」へと繋がるということを知っていただきたいのです。

恐怖は歴史的に見て、「奪われる」ということへのものすごく漠然とした本能的な反応になっていますが、人は常にそれに支配され続けているということです。

つまり、人が人としての本来の価値に気づくこと、奪われることのない価値を知るためには「親の価値観から離れること」なのです。

そして、親の価値観から離れたら、「自分だけの価値観を作ること」で、自分の人生を歩むことができるのです。

これは人間が持つ心理的な反射、肉体的な反射、思考の傾向、それら武術的に必要な知識と理解が全て教えてくれるのです。

武術を学ぶ真の理由

武術家は人間のその向こう側にある法脈、生き方の流れ、抱えているもの、そしてこれから目指すもの全てを一瞬で見抜き、戦いを勝利で終わらせなければなりません。

そのためには自分自身が学び、受け継ぎ、生まれ育った全てが「自分のものではないもの」と気づき、そこから「自分だけのもの」を見つけ出し、そして「その道具を使ってどこへ行きたいのか」を考え、「新しい世界を創る決意をしていく」必要があるのです。武術とはそれを学ぶ方法なのです。

では、どのようにしたら「親」の価値観から逃れることができ、「自分」の価値観を新たに創ることができるのでしょうか。

それは「自分を眺める」という技術を学ぶことで分かりやすく誰でもできるようになります。

「**鏡を見て稽古をするな**」これは、私がいつも稽古のときに言っていることですが、これを聞くと皆さん不思議に思うようです。

「型や打撃のフォーム確認で、鏡を見ることはダメなのでしょうか？　普通はフォームを直すことにも使いますが、それが意味がないということでしょうか？」と言われます。

いよいよ核心部分に迫ります。

武術家は人間の、その向こう側にある法脈、生き方の流れ、抱えているもの、そしてこれから目指すもの全てを一瞬で見抜き、戦いを勝利で終わらせなければいけませんと前述しました。

そのためには、まず「自分自身が学び、受け継ぎ、生まれ育った全てが、自分のものではないもの」だと気づかなければなりません。

この自覚を真に体得できたときのみ、そこから「自分だけのもの」を見つけ出すことができます。それは概念的なものではなく、道具といえるものです。そして「その道具を使ってどこへ行きたいのか」を考え、「新しい世界を創る決意をしていく」必要があるのです。それを学ぶ方法そのものが武術なのです。

ここまで読んでくださった皆さまであれば少し抽象的ですが、何となくこの概念を理解していただけると思います。実はこの抽象的であることが大きな意味を持ちます。このことは先をお読みいただくうちに理解していただけます。

競技経験のない競技への指導

理解に至るために一旦この抽象的な話から離れ、少し具体的な話をしたいと思います。

私は格闘家や相撲取り、スポーツ選手にただ単に型を教えたり身体操作を教えているわけではありません。このことはこれまでも書いてきました。試合における戦略やそのための心理戦などを徹底的に教えているのです。

もちろん、全て指導の通りになるわけではありません。しかし、本質から離れることはありませんし、選手の皆さんとの信頼関係は揺るぎません。実は、私自身が、指導している競技の選手経験があるわけではありません。しかし、私が格闘家でも競技空手の選手でもないのに競技者に指導ができるということに大きな意味があります。

以前、私がある格闘家を教えていたとき、その選手が一度戦ったことがある相手と再戦することになりました。それも2回。一回目は一度負けた相手との再戦、二回目は一度勝ったことがある相手との再戦でした。

一度負けた相手と書きましたが、負けたときに私はこの格闘家とそれほど関わってはいませんでした。そのときは無惨なＫＯ負けでした。その後この格闘家は所属する団体を離れたので敗北を喫した相手と戦う機会がありませんでした。しかし新たな団体で再戦の機会を得ることができたのです。

もう一人の相手ですが、この相手との試合は関わってはいましたが、トーナメントだったのであまり深く戦略を立てる暇が無かったのですが、勝利していました。

それぞれの相手選手との再戦に対して、どちらもＫＯ勝利できるよう、私は徹底的な戦略を立て、その戦略の実行のためのトレーニングを指示しました。結果、最初の相手は一撃ＫＯ、二人目の相手も一撃ＫＯ。

負けた両対戦選手はどちらも、「なぜ負けたのか」という原因を理解できませんでした。実は勝った本人も「なぜ勝てたのか」を理解できていませんでした。

しかし、簡単な話で、こちらが一度負けている相手選手は、「前回はこうやって勝てたから、同じ戦略でいこう」と考えているはず。

逆にこちらが一度勝ったことがある相手選手は、「前回はこのせいで負けただろうから、その対策を行う」と考えるはずなのです。

負けた相手に対しては、前回こうやって勝てたからと、同じようにくるはずと考え、その対策をしました。一方、前回はこのせいで負けたのだからその対策をしていこうと考えている相手には、その対策を想定した対策をしました。単純にたったそれだけのことだけなのです。

そして、その戦略に基づいて必要なトレーニング、動作の変更、打撃の質の確認を行なったのです。つまり、シンプルに「読み合いに勝った」というわけです。

相手選手には優秀なトレーナーやレジェンドのような選手がわんさか付いてきて、まるでトップチームかのように盛り上がっていましたが、私からしたら格闘技のプロかもしれませんが、戦略を立てる武術では素人です。

私が立てる戦略の数々は、それがまさに武術なのです。

その戦略とは意表をつくとか、トリッキーな動きをするという程度の話ではなく、根本的に勝負とは何かを考え尽くした上での戦略です。そして、それを私が実行できるというのではなく、再現性を持って誰かに実行させることができるということです。

そのために必要なのが「観る眼」を養うということですが、これは前述とおりに、その人自身を見抜くということです。人間のその向こう側にある法脈、生き方の流れ、抱えているもの、そしてこれから目指すもの全てを一瞬で見抜き、戦いを勝利で終わらせるということなのです。

自分を見る方法

先の、**「鏡を見て稽古をするな」**の意味を説明しましょう。

私はフォームの修正を含めて、鏡を見るというのは手や足、指の角度の調整でしかないと思っています。

つまり、角度を調整した感覚を確認するための手段でしかないのです。

また、鏡に映っている自分とは、「今までのあまり上手ではない自分」そのものなのだということに気づいてください。

動きが悪いことを修正しようとしても、あまり動けていない、そんな自分を見せつけられるだけで、後で自分一人で考えても頭の中に映るのは「下手くそな自分」そのものなのです。

もちろん、鏡を見てかっこいい動きをしていると惚れ惚れするのであればいいと思いますが、鏡を見て「自分は最高」って思える人がどれだけいるのでしょうか。鏡を見るというよりは、「鏡の前の自分を見せつけられる」。私はそう感じてしまいます。

ではどのようにして自分を見たらいいのか。

その方法には二つあります。

- **一つは自分の体の中を、自分で見る。**
- **もう一つは自分自身全てを、自分の外側の目で見る。**

一つは見る、もう一つは観るという感じかもしれませんが、あえて見るで統一します。

実際に体の中を見ることはできません。しかし、動きの中で「体のこの部分を動かしたい」というのは体の筋肉、皮膚感覚の中で感じ取れますし、それを脳内で映像化することも可能です。それにより、動作のすべて、足の裏の重心の位置まですべて感じ取れるようになります。

次に外から自分を「眺める」見方。これも脳内での映像化に過ぎませんが、自分自身の体の中で感じ取った感覚の映像化を拡張し、外部から自分を見ているように脳内で映像化するということです。

この二つを意識して稽古し続けると、「瞑想」と全く同じことが起こります。「この世界と自分が一体化する」「自分の体だけではなく心も見えてくる」ということです。

とても怪しい話に聞こえますが、世界と一体化するとは外部の情報と内部の情報を同時に受け取ることができるということです。

そして、**心が見えてくるということは、自分自身の心の育てられ方が見えてくるということです。**そしてそれは、その人自身のことだけではなく、向かい合う相手のものも見えてくるということです。

親の影響そのもの

自分自身が感じるであろうことは、ほぼ同じように他人も感じます。当然、個人差がありますが、ある一定の条件では同じように感じます。

美味しいものを食べたとき、美味しいかどうかはその人の好みによります。しかし、噛んだ肉の食感や喉越し、肉の香ばしい香り、見た目の光の反射具合などは、自分が感じたことと同じように他人も感じているはずなのです。

感じたものをどのように受け止め、解釈するかはその人の「親」の影響を受けます。

このような事例はいかがでしょう。物心ついてから納豆に出合った人は、おそらく社会的な価値観から判断し、なかなか食べられないでしょう。でも、親が目の前で美味しそうに食べていたら、個人的な匂いや味の感覚は置いておいて、とりあえず食べることが可能だと思われます。「本当は好きではないかもしれませんが、普通に食べられる」というのは、親の影響そのものなのです。

結局、私たちはその物をそのまま味わってきたのではなく親の価値観や社会概念を味わってきているのです。

また、逆に「大人になってから食べられるようになった」という人は、社会的な影響や味覚の成長、自分自身の新たな価値観から可能になったといえます。

つまり、私が言いたいのは、「多くの人は多くの親の価値観、それ以前に歴史的な価値観を凝縮して与えられて育ち、誰もが同じ反射反応を植え付けられている。多少の差異があったとしても、それは対応の範囲内である。目の前のその人の向こう側を見抜いた人が勝つ」ということなのです。

つまり、鏡を見る稽古は、その今できていない自分を脳内に焼き付けるだけで、本当に見るべき「自分自身を成り立たせているもの」が見えにくいのです。

そこで、**私は「型」を用い、体の中を見る目を養うこと、体の外から観る目を養うことで、瞑想のように自分を見極め、そしてその能力で人を見極められるようになると言いたいのです。**

そうやって訓練を積んでいくと見えてくるのが本丸である「恐怖心の正体」なのです。

この恐怖心は戦いの中で相手に対してとても有効に使え、相手が本来出せる力を出させず、完全な勝利を手に入れるための非常に有効な手段となります。

つまり、**「恐怖を持ったら負ける」ということなのです。**

思い込みによる支配を受けている

そんなことはないと思われるかもしれませんが、世界では軍事拡張・牽制・外交・支配、全て恐怖を利用し、様々な方法を駆使して実行しています。あなたが生活している実社会でも多くの人は恐怖により動かされています。

例えば、家族に何かあったらどうしよう？　と思うからこそ保険に入るのでしょう。法定速度を超えたら捕まると思うから、車は制限速度内に抑えるのでしょう。これを拡大していくと、隣の国がミサイルを持っているから、ミサイルを持とうと思うのでしょう。隣の国が攻めてくるかもしれないから、軍備を拡張するのでしょう。

私たちの日常は恐怖による支配そのものが行われているのです。

人は恐怖を感じると冷静ではいられません。客観的な、俯瞰(ふかん)した見方ができなくなります。

これは人類史の中の脳の発達の段階で作られた仕組みです。恐怖を感じた瞬間、もう抽象的で創造的な思考はできません。つまり、リラックスして客観的な思考ができなくなります。そうなった人に対しては簡単に支配したり、騙すことができるのです。

内向的な人は恐怖すると体が竦み、外交的な人は怒りを表に出すでしょう。しかし、それらは「想像の産物」に過ぎないのです。実際に何か奪われたわけでも、目の前でミサイルが落ちているわけでもありません。

「そうなってしまったらどうしよう!」という、想像から生まれる恐れなのです。

そして、何かが奪われることを恐怖するように、長い間の生命の歴史の中で、つまり、私たちは「思い込みに支配されている生き物」なのです。

そして人類の歴史の中で、「奪われないために」対策をし続けて、争いをし続けて、人を傷つけて、それを綿々と受け継いできたのです。

みなさんはその系譜の末裔なのです。

そこで私はこの後編で「恐怖心の克服」を書いています。恐怖心を克服できたら、皆さんの戦いは変わります。あらゆるものが変わります。

第4節　恐怖心を利用し戦略を立てる

恐怖を感じることは敗北に繋がることです。しかし、人類の歴史は恐怖の連続で、恐怖を克服するための活動が全てだったとお話ししました。

自分よりも大きな体の獣に襲われる、捕食されるかもしれない恐怖、暗闇で獣に襲われて食べられてしまうかもしれない恐怖、病気で死んでしまうかもしれない恐怖、我が子を失ってしまうかも知れない恐怖、飢えにより死んでしまうかもしれない恐怖……。

こうした恐怖を克服したものだけが生き残ってきたのです。

群れから高度な組織化へ

人類を襲う様々な恐怖が次々と現れてきます。人は恐怖から身を守るために群れを作り、群れで行動することにより、外敵への対処がしやすくなります。しかし、群れを維持するためには食料の確保や水場、良い土地を確保するために他の群れと争い、ときには殺し合いになることが多々ありました。その結果、殺され捕食されることもありました。

群れで戦うという場面が増えるようになり、群れを構成する人数こそ勝負の決め手となりました。人数が増えれば狩だけでは生活できず、定住して作物を生産することが何より重要になりました。やがて食料を増産しなければいけなくなり、そのため役割分担として生産、貿易・交易、防衛・戦闘などの原始的な組織が生まれ、その中からより効率よくリーダーシップを発揮できる者を王や統治者とし、平民・軍人・神官・王・王政システムなどの職業に階層が生まれました。そして、さらに領土拡大と財産を増やすために、人種や宗教の違いを理由に、支配されるべき奴隷と神から与えられた権利としての支配者という理論を作り出しました。

それらにより、どちらが大きな国を作るか、支配者となるかの競争が行われてきました。これを帝国主義といいます。

帝国主義の発達により、多くの他民族を支配し、奴隷化し、労働力としました。古代ローマに見られるように、ローマの宿敵であったカルタゴは滅ぼされたのち、畑には塩が撒かれ、二度と復興できないような土地にされてしまいました。そして、人々は皆奴隷にされ、女子供は召使や給仕に、兵士などは剣闘士などの見せ物として殺し合いをさせられたのです。

アフリカ人はガレー船で数珠繋ぎ(じゅずつな)で運ばれ、ヨーロッパ、アメリカなどへと送られ黒人奴隷とされました。

琉球では那覇は奴隷貿易の中継所となり、中国からの奴隷だけは送り返すことで、中国の機嫌をとっていました。

南米では土地の略奪で人口が絶滅の危機に晒(さら)されるほどでした。戦争に負けることは即ち、死よりも辛いことが待っていることもあるのです。

戦争に負けてはいけない、支配されてはいけないという恐怖は、戦争をより激化させ、軍隊を組織化させ、より強力な武器の開発が進むこととなります。そのための資金は庶民の血税、命そのものであったりするのです。

恐怖を利用し、戦争で富を蓄え続ける輩

日本ではイエズス会が九州の大名たちに裏取引で銃火器や火薬等を販売する見返りに、日本人の農民の子女を奴隷としてヨーロッパに何万人と売り捌(さば)いていました。実際、日本の侍の使節団たちが裸の日本人女性たちが鎖で数珠繋(じゅずつな)ぎでヨーロッパの街中を歩かされているのを目撃しているという記録も残っています。

私たちは「奪われる恐怖」の歴史のそのものを生きてきたのです。そんな中、信用創造という錬金術のようにお金を生み出す方法を気づいた人たちが生まれます。金庫に少しお金を置いておけば、その何倍ものお金を貸すことができるというものです。

銀行家は戦争の資金を貸し付け、取り立てを行うことで強大な力を身につけていき、以降の戦争には全て銀行家が関与し、国家に資金の貸し付けを行いました。もちろん、戦争当事国の両者に対して貸し付けを行い、負けた国からも勝った国

からも多額の債務を取り立てました。それも確実に。（編集部注：日露戦争の戦勝国は日本だったのですが、日本政府が銀行家からの借金を返し終わったのは、82年後の１９８６年）

そして、資産をより多く持つ者が支配する世界へとなりました。資産を持つ者たちは国家に指示し、軍隊を動かし、軍隊は戦争を行うことで武器の消耗を行います。そこに武器売買（武器商人）の利権が生まれ、世界ではどこでも経済活動の一環として紛争、戦争が行われ続けています。

戦争で負ければ大変なことになるという恐怖を利用し、あらゆる国々が軍事産業企業から武器を購入することとなります。国家間の緊張状態、陸続きの国境間での緊張が続けば戦車やライフル、機関銃、偵察機器などが売れます。大陸間の緊張状態が続けば、大陸間弾道ミサイルなどの長距離間弾道ミサイルなどが売れます。国家間が海を挟んでいれば、潜水艦などが売れます。往復で数時間の範囲であれば、戦闘機やドローンなどが売れます。戦闘機やドローンを乗せて動かす空母も必要になります。

このように、「恐怖心を支配するものは利益を得る」という構造なのです。私たちの日常生活は恐怖による支配そのものが行われている世界なのです。

恐怖を克服する方法は

人は恐怖を感じると冷静ではいられません。そうすると客観的な論理思考ができず、俯瞰(ふかん)した見方ができなくなります。これは、人類の長い歴史の中における脳の発達の段階で作られた仕組みだといわれています。

人は恐怖を感じると抽象的で創造的な思考や、リラックスして客観的な思考ができなくなります。そうなっている人は簡単に支配したり、騙すことができるのです。これはまさに戦争の状態、内向的な人は恐怖すると体が竦(すく)み、外交的な人は怒りを表に出すでしょう。

しかし、それらは「想像の産物」に過ぎないのです。実際に何かを奪われたわけでも、目の前でミサイルが落ちてきているわけでもありません。

「そうなってしまったらどうしよう」という、想像から生まれる恐れなのです。

つまり私たちは「思い込みに支配されている生き物」なのです。

そして何かが奪われることを恐怖するように、長い間の生命の歴史の中で、そして人類の歴史の中で、「奪われないために」対策をし続けて、争いをし続けて、人を傷つけて、それを綿々と受け継いできたのです。

では、**私たちはどのようにして恐怖を克服していくことができるのでしょうか？　それはとても簡単なことなのです。**

「正しく世界を観る」たったそれだけなのです。

前述の長々とした文章は、これはすべて私たち人類が経験してきた「思い込みによる恐怖を利用した利益誘導」そのものなのです。奪われるかもしれない恐怖、失うかもしれない恐怖、そのまだ目の前にも出てきていない、そして経験もしていない恐怖を元に、私たちは体も、心も、お金も、何もかも揺り動かされているのです。

それは親から影響を受けながら、親から子へと何世代にもわたり受け継がれ歴史と共に伝わってきました。結果、私たちは本来私たちが持っているその存在そのものの感覚や感性を失わせられるような世界に生きているのです。

ならばこそ、本来自分自身の持つ「感性・感覚」のまま、そのまま感じ取れることが必要なのです。

あなたはいとも簡単に騙される

歴史や知識、情報はいくらでも騙されます（変更が可能だということ）。騙そうと寄ってくる人もたくさんいます。

でも、皆さんはこう感じているかもしれません。

〈なんとなく、おかしい。何かが変だ〉

しかし、こうも思うかもしれません。

〈でも、あの話なら得する気がする。あの人が言うなら大丈夫だよね〉

〈これからの時代、お金が必要だから増やさないとね〉

理屈というものはいくらでも騙されます。

見た目もいくらでも騙せます。そしてありもしない恐怖もいくらでも生み出せます。その結果、人は誤った情報で思考してしまうのです。騙されていることさえも気づかないまま、あっという間に奪われてしまうのです。

この話がなんの話なのか。とてもシンプルですね。これこそ、武術における相手を倒す場合に使う原理なのです。

「思い込みを利用する」「恐怖心を利用する」「こちらの情報を分かったと思わせる」たったこれだけで、ほんの少しの瞬間に相手を武術により殺せてしまうのです。

また、逆に相手に殺される、奪われたくないのであれば、この逆をやればいいのです。

「思い込みを持たない」「恐怖心を持たない」「相手の情報に振り回されない」そして、その核心は「恐怖心を持たない」ということ。

ここまで長々と説明してきましたが、恐怖心は昨日今日生まれたものではなく、人類史が生み出した法脈のようなものであり、それを断ち切る必要があります。つまり、それこそが「親の価値観を捨てる」ということなのです。

さらに、もう一つ「何となく感じることが答え」だと知ること。これこそが「正しく世界を観る」方法なのです。自分の中から外を見て、一方大きな外から自分を見る。これは型の稽古そのものだといえば空手家のあなたには納得しやすいでしょう。

あなたは存在するだけで価値がある

あなたの体の中の動きをあなたの体感で認知し続けてください。決して鏡という他者の目を通して修正しないでください。そして、大きく抽象度を高くして世界を広げ、その世界からあなた自身を見る。その抽象度を上げるためには正しい知識を集める努力や経験ももちろん必要です。しかし、まずあなたがやるべき第一は、あなたの中にある「あなたの親の目で見ている世界」を終わらせること。

その方法は実は簡単です。

「自分には存在するだけで価値がある」ということに気づくこと、そしてそれを言い続けることです。

お釈迦様は生まれてすぐに三歩進んで「天上天下唯我独尊」と仰ったとのことですが、なんだか納得行く話です。自分で自分を最大限に褒めているのですから、それ以上誰かに褒めてもらう必要はありませんね。

人間は「誰かによく思われたい、誰かに褒めてもらいたい」と思いがちです。しかし、その褒める人はあなたをコントロールしようとしています。褒められて喜んでいるあなたは、コントロールされていることに気づかなければなりません。

褒めたら喜ぶだろう。褒めたら自分のことをよく思ってくれるだろう。褒めたら言うことを聞いてくれるだろう。このようにあなたを褒めている人はあなたをコントロールしたいのです。

それはたとえ親であっても同じで、あなたが親の思う通りのことをすれば、親はあなたを褒めるでしょう。そうやって何が正しいのか教育しているともいえますが、あなたは親の価値観に沿った正しさだけを植え付けられていくのです。そしてそれは、これまでずっと書いてきたように、過去の歴史の積み重ね、その法脈の結果の価値観、世界観、知識の上での「正しさ」でしかありません。

あなたは勇気を持ってそれらを一旦すべて捨てなければなりません。捨て去ってしまった後から自分自身の心の底から湧き上がってくる思い、「なんとなく正しい」と思うものを見つめることが必要です。

そこに残っているのは「誰にも奪われない、誰にも支配されない自分」なのです。こうして初めて人は「正しく見る」ことができるのです。

では、実際に戦いの際にはどのようにして恐怖が使われ、どのようにして利用されているのか解説していきたいと思います。

第5節　心のコントロール

誰かの思惑によって生み出された恐怖が、私達を取り囲む世界において利用されていること、そしてそれが故に小さい目の前のことから、大きな世界の動きまで戦略的に恐怖心を利用され、誰かの利益になっています。全く関係ないように思われがちですが、これは全て「武術」なのです。

恐怖を与える側と与えられる側、どちらが善か悪かというような簡単な二元論の話ではないのです。「どちらの側が生き残る確率が上がるか」これが武術的な「恐怖心の克服」なのです。

恐怖に対する本能的反応

巷では、「体を鍛えて強そうに見えるだけで護身になる」という護身論を耳にします。これは一定の状態までは正しいのですが、ある一定以上の条件下では悪手になります。

皆さんは体をムキムキ鍛えて大きくし、スキンヘッドで身体中がタトゥーまみれの男が自分を名指しして、目前にどんどん迫ってきたら怖いですよね。私も怖いと思います。

人間の恐怖に対する対応は実は動物的な本能で決まっているのです。「闘争か逃走か」これだけなのです。

しかし、ここで注意すべき点は、「闘争か逃走か」この言葉が本当に何を意味しているのかを語られることはあまりないということです。これは、実は「目の前の恐怖の対象を消す」という意味なのです。つまり、闘争するとは目の前の敵を倒す、殺す、存在を抹消すること。逃走するとは自分がその場から居なくなることで、恐怖の対象の存在を目の前から消すということです。いずれにせよ、恐怖とは非常に強いストレスです。強いストレス下では冷静な判断をすることができません。本能の部分で対応することとなります。

思考で対応するのは限界がある

捕食（肉食）動物であれば相手と戦うための牙や爪が進化しているでしょう。草食動物であれば、その場から逃げるために脚力や、捕食動物を視認するための視覚領域の広さが進化しているでしょう。

人類はもともと木の上にいた猿です。牙や爪をしっかりと有していたでしょう。しかし、進化の過程で戦うための爪や牙は退化し、その代わりに道具を使うことで脳を進化させてきました。脳が進化することで爪や牙は道具の優位性により、退化して行ったのかもしれません。

いずれにしろ、思考することで様々な困難に対応することに関しては進化してきました。しかしいくら進化したとはいえ、強い恐怖心を与えられてしまうと、それも機能不全となってしまいます。

大脳主体の対応をしていると、うっかり恐怖心に飲み込まれてしまい、戦うことも逃げることもできなくなってしまいます。

訓練をしていないことには対応できない

人類の武器は「訓練された冷静さと思考力」なのですが、恐怖に対する訓練がなされていなければすぐに冷静さも思考力も失い、いとも簡単に身動きが取れなくなってしまいます。

人類には戦うための牙も無ければ爪もありません。襲いかかる牙と爪に対して牙と爪を持って立ち向かうということができないのです。かといって草食動物のように危険察知に有意な横に向いた眼も無ければ、生まれながらに走ることに向いたアキレス腱も持ちません。つまり、追いかけるものに対して逃げるという対応にも不向きな動物となってしまいました。

では、同じ人類同士とはいえ最初に登場させたムキムキのタトゥーだらけの人が突然向かってきたらどうなるのでしょうか？

答えは簡単です。日頃から対応する訓練をやっていなければ、あっという間に恐怖で身動きが取れなくなり、戦う訓練をしていなければ戦えず、逃げる訓練をしていなければ逃げることもできなくなります。

本能の力やリラックスなどは、訓練無しにはコントロールができるものではありませんから、全くといっていいほど対応できません。体も心も逃げることや戦うことに特化していないからなのです。

では、先ほどのムキムキの人は恐怖を与える側だから有利なのでしょうか？実はそんな単純なことでもありません。さらにいえば、恐怖を与えられているように見える側の方が皆、初めての体験かといえば、そうとも限りません。

相手が「いかにも強そう」ならば、それ以上の強そうな人を揃えてくるか、その人を倒せるような武器を確保していくでしょう。または不意打ちや闇討で二度と襲いかかれないように叩きのめすこともできるでしょう。

これは「強そうに見える」からこそ起こる悲劇なのです。ではなぜ強そうな人は強そうに見せているのでしょうか。それは常に「人に恐怖するよりは、恐怖を与えて威圧している方が安全」だと勘違いしているからです。

先ほども書いたように、一方が恐怖を与えようとすると、もう一方は恐怖をかき消すためにあらゆる手段を使って排除しようとしてきます。武器を使ったり、多人数で戦いに来たり、こっそり毒を使ったりもするでしょう。

〈もし、そんなことをされたらどうしよう?〉という恐怖を抱えてしまうから対応するのです。これらは人類の獲得した最も有能な「反応」と見ても良いかもしれません。

恐怖する心をコントロールする

ここまでに解説したように、生存への恐怖が集団を形成し、紛争闘争が武器のエスカレーションを生み出してきました。恐怖は常により効率的に効果的な対応を生み出していくのです。また、そこに市場経済が取り込まれ、人々は恐怖というテーマを産業化し商業化してきました。

商品として購入した殺傷力のある携帯性に優れた武器は、より強い恐怖を相手に与えることが可能ですが、その恐怖を与えられた相手にはその武器よりもほんの少し優れた武器を売りつけることが商売として正しいのです。その結果、恐怖心の克服ではなく、気がついたら「どうすれば怖がられて見られるか?」ということを選択してしまうのです。ちょうどムキムキでタトゥーだらけの体のように。

これは、人間が進化の過程においてあらゆる威嚇手段を放棄してしまったがために手に入れてしまった武器であり、本能に根ざしているものであるがゆえに、私たち人間はそのことから逃れることができません。

私たちは「恐怖に対抗するために強くなる」ことを選択しようとする限り、恐怖の連鎖から逃れることはできないのです。

恐怖心を克服するために、相手に恐怖を与える手段を手に入れるのではなく、恐怖合戦から離れることが、本当の意味で「戦いに勝つ」ということなのです。

これは、とてもシンプルな答えです。

では、実際に今回の「ムキムキタトゥー」の人に対して、どうすれば恐怖心を抱かず、対応できるのでしょうか。

こちらも答えは簡単です。

「冷静によく観て対処するか逃げる」

ということです。つまり落ち着いて対応するということです。これって、シンプルな答えですが、実はいう程には簡単なことではありません。

無意識に相手と争ってしまう

まずは逃げようと思っても、訓練されていないならば逃げることもできません。

また、訓練なしには大声も出せません。これは随所で紹介し、(株)チャンプからDVDにもなった『護身術』でも語っていることです。

人は恐怖を感じたとき、声さえも出すことができなくなります。だからこそ護身はまず最初に声を出すことを学ぶのです。

私たちは生まれながらの特質として親から受け継いだ恐怖心を持っています。

そのため、自分では知らないうちに与えられ、育てられたコンプレックスや怒りの感情が溢れ出て、「気にしないで去ることは逃げることだ」と思いがちです。自分が思いもしない無意識の部分で相手と争ってしまうのです。恐怖心は自分の価値が奪われることへの本能的な恐怖なのです。ですから、価値を奪われないために逃げるか戦うかしかないのです。

相手とぶつかってしまうという、この心は実は人類の歴史が紡いだ自分自身の親から受け継いだ「恐怖心」であり、よほど訓練されなければ解消できないものなのです。人は前もって知らないこと、前もって対応を考えていないことには何もできなくなるのです。

武術家としての恐怖心との向き合い方

長々と書いてきましたので、ここまで書いてきた要点をまとめてみます。

・恐怖の強さ合戦には終わりがない。（終わるときはどちらかが負けて終わる）

・相手に恐怖心を与えるような存在は、消されてしまう。（戦って排除されるか、自分が消えるか）
・相手の怖さを気にしない、無視することなど簡単にはできない。
・全ては本能的な人間の仕組み、親に与えられた恐怖の仕組みが原因。
・恐怖はお金になる。

私は特に人間性を求めて「相手に恐怖を与えるような人であってはいけない」ということを語りたいわけではありません。

あくまで武術家としての恐怖心との向き合い方、恐怖心の利用の仕方、恐怖心の仕組みについて語っているのです。そして恐怖心を利用して相手と戦うにしても、自分の中の恐怖心の正体を知る必要があるということです。

今まで語ってきた全ては、「恐怖に操（あやつ）られた世界や人との中で、自分と愛するものを守るための戦いに生き残る方法」であり、武術という「恐怖を理解し利用する技術」についての入り口です。ただ単に「相手がこう殴りかかってきたらこうする」などという、人間というものを全く無視した話ではなく、人間というものをより深く理解するための技術の根幹の話をしています。

技法、理論は数々世界にあり、一般の武術家でもない多くの趣味の人も語っています。しかし、本来武術家が取り扱うべき「人間、その未知なるもの」に対して語られることはありません。

今回、私は一武術家として、武術とは何か？　という答えを示し、そのために武術家が何をすべきか？　と自らに問いかけてきました。

技術とは一見関係なさそうな、ここまでの持論のような話は、全て実際に使うための前提条件であり、私たちがこの恐怖の時代と自分自身の恐怖にどのように立ち向かうべきかの答えとなる内容になっています。

実際に、私は世界トップの選手たちに、この仕組みをわかりやすく伝え、実際に技術へと変換し利用してきました。そのベースは「人の恐怖心」なのです。

恐怖心の理解から応用へ

恐怖心を理解していれば、次のような展開が可能となります。

・相手が掴んできたら……、がスタートではなく、相手にどう掴ませるか。
・相手が殴ってきたら……、ではなく、相手が殴りたくなるところはどこか。
・相手が怒鳴ってきたら……、ではなく、相手の怒鳴る精神状態はどこに隙間があるか。
・強そうな相手が来たら……、ではなく、なぜ相手は強そうに見えるのか。

以上、全ては恐怖心の理解、克服、利用、応用なのです。

人間が持つ反射を利用するにしても、なぜその反射が生まれ、体から消えないのか。相手が冷静に思考できる要因は何か。冷静に思考させない方法は何か。

人間の本能としての恐怖心、作られてきた恐怖心、恐怖心の与え方、利用の仕方、反射反応の利用の仕方など、次の節から書いていきたいと思います。

第6節　武術家の日常

前節では恐怖心の正体と系譜、そしてどう向き合うかについて書きました。恐怖心を見つめすぎることで、人は恐怖に飲み込まれてしまいます。なぜなら目の前の恐怖よりも自分が受け継いできた「親」の恐怖の存在があり、そこに目の前にはない想像の恐怖が追加されて恐怖はルサンチマン（弱者が強者に対してつのらせる恨み・妬み・嫉みなどの感情）のように増幅し、抜け出せなくなるからです。

そして重要なことは、その恐怖は「感じるもの」ではなく「埋め込まれたもの」と「本能的なもの」であるということを知ることです。しかし、その「埋め込まれたもの」という恐怖も「親の価値観から離れる」ことで解決していきます。「本能的な恐怖」もそれを知ることで解決していきます。

動物共通の行為

武術家は戦いにおいて「守・破・離」ということを通して、その恐怖との向き合い方を学ぶ必要があります。それはその名の通り、守り、破り、離れるということなのですが、その意味を理解している人はあまりいません。これは「恐怖心の克服」そのものの過程なのです。

前節でも少し書きましたが、私は猿や動物の映像を研究することで、動物というものが持つ幾つかの共通点を見つけています。これは人間も含めた動物の共通点のことを意味します。

ある映像で観たものは非常に興味深いものでした。二組の猿の親子がいて、その子猿が隣の子猿にちょっかいを出しました。そのちょっかいを出した子猿はちょっかいを出された子猿の親猿に叩かれます。

そうすると、ちょっかいを出した子猿の親は怒り出し、ちょっかいを出した子を叩いた親ザルではなく、その子猿を引っ張り振り回したのです。

何んのことだろう？　と思うかもしれませんが、これは猿などの動物にも「自分の所有物」という概念があり、さらには「自分の所有物へ攻撃をされた場合、相手の所有物を攻撃する方が効果的な仕返しになる」ということが分かっているということです。

これには私も唸ってしまいました。なぜなら、これは人間が行なっている「嫌がらせ」と「報復行為」そのものなのです。

想像力が生み出す恐怖

「嫌がらせ」と「報復行為」は、私が本編のテーマとしてで最初から書いていることで、「奪われる恐怖」であり、恐怖に対する怒りによる防衛反応でもあるのです。

皆さんは、ある脅威となる人物がいて、その人が自分ではなく目の届かないところで自分の子供や家族に危害を加える可能性があるとしたら、不安や怒り、恐怖を強く感じるのではないでしょうか。

自分自身にくる脅威というのは目の前で対処したらいいので、準備や対応を考えやすく、被害が自分だけであればそんなに怖がることもないと考えられるのではないでしょうか。しかし、反社会勢力や戦争などでは自分ではなく周りの仲間や家族も巻き添えになる可能性があります。そのことがメンタルに非常に強い影響を与えるために、ただ単に目の前の敵と戦う以上の恐怖を感じることでしょう。

嫌がらせに当たることはまさに自分ではなく自分以外の家族や親しい人に、自分の目の届かないところで被害が与えられるのではないかという「想像力」を働かされることが最も恐怖心をかき立てられるのです。

今回のこの猿の話の場合、子供の頃から体力的に弱い立場であるとき、周りの大人（大人の猿）により、食料を奪われたり、いじめに近いような暴力を受けたという体験から学び獲得したことなのです。それにより、自分の所有物や価値のあるもの、価値を感じているものが奪われてしまう、または傷つけられたり価値を損なわれたりすることが、シンプルに「報復」として利用されているのです。

恐怖心は人も他の動物も一緒であり、このような複雑に見える恐怖の反応は単純な群の中で作られるものであり、それが大人になっても影響しているということなのです。群れという社会構造の中で養われる知識や経験が猿の一生という短い期間で醸成されて生まれる感情と反応でこれは群れ社会という「親」が育んでいかなければ生まれない反応なのです。

一方、親猿が子猿が死んだことに気づかず、ミイラのようになっても子猿をずっと抱えている場合もあります。これは社会通念上、「死」という概念は経験の蓄積が必要であり、人類はそれを文字や言語で伝えていくことで理解をしていったと考えられます。猿にはシンプルな言語はあるかも知れませんが、声帯が未発達なために言語化や概念化、記録を残すなどができませんので、知識や経験の蓄積ができません。このような場合は「誰かに奪われている」という感覚がないために恐怖を感じていないのです。

人間の場合は、家族や伴侶が亡くなった際には故人と会話ができないことや、体が無くなっていく過程（お葬式）を見ることで、時間の経過とともに死を受け入れるための過程を超えていきます。

子供の頃に身内のお葬式などを経験した際には、皆さんや周りの子供たちは何が起こっているのか理解するまでに時間がかかったのではないでしょうか。逆に大人になる過程で死を理解しつつ、今まで一緒に過ごせていた人と二度と会えないことを理解しながらも受け入れることが難しく、死後の世界やあの世の存在、人の霊や神の存在を想像し、意識することで初めて「恐怖」を感じているのではないでしょうか。

つまり、生命の危機に関する恐怖心や、自分の価値があるものを奪われるという恐怖は、社会システムや世界観をベースとした、誰かが語った物語や想像力から生み出されているものであるということです。

巧みな情報操作で勝つ

以上のことからも分かるように、恐怖を与えたい対象に恐怖を感じさせるためには、理解可能な、そして想像が可能な「奪われる」という情報を与えます。つまり「奪われる」という情報を想起させることで、恐怖心や警戒心を生み出させているのです。

これは、随所で私が「間合い」という概念もいわゆる「想像力の産物」に過ぎないと語っていることに相通じます。つまり、相手が思う距離感と実際の絶対値的な距離、そして相手に想像させる距離感は全てコントロールでき、それはその個人個人の想像力を想起させ、そこから生じた相手の「思い込みを利用する」技術こそが間合の理解であるということと全く同じことなのです。

しかし、そのためには「共通して理解できる情報」、「本能的な反応」とは何かということを理解し、それを利用しなければなりません。それらを利用したことで想起される「思い込み」という情報操作の結果ということです。

武術ではまさに相手に「操作加工された情報」を与え、それに本能的に対応せざるを得ない状況を作り、最終的には「安全であると錯覚、勝機であると錯覚、対応できていると錯覚」させ、相手が知らぬ間に絡め取られているという状況を作っていくのです。

武術の勝利とは何かを知る

格闘技であれば殴り合いを続けてどちらかが立っていればいいことです。そのためシンプルにフィジカルの強さや連打の速さ、組んでからの強さなどが強さの指標になります。しかし、武術では刃物を使ってよいですし、危険な技も当然使ってよいのです。フィジカルが自分より上の人はいくらでもいるので、それを想定した技術を使うし、反射神経で上の相手はいくらでもいるので、反射神経の勝負をしないことも重要となります。

フィジカルでも勝てない、速さや反射神経でも勝てない。つまり、勝負が始まる前には戦略上すでに勝っていないと殺されているのです。つまり、「情報戦での勝利＝武術の勝利」なのです。

例えば、私はこれまでに色んな方々とお手合わせをさせていただき、映像にもたくさん残っています。それは私にとっては「見せていい映像」なのです。技を当てたように見えることも、技を食らったように見えることも、それも全て情報として残ります。これを見た人は「山城はこの程度か。このような動きなら勝てる」と思うかもしれません。

この方々に勝つよりも重要なことは「山城美智とはこのような戦い方をするのか」と思わせておくことなのです。しかし、実際に目の前で相手をしている人は私の攻撃がなぜか当たっていたり、なぜか技が見えなかったりしています。私はニコニコと「あなた方のルールの動きを真似しているんです」と言います。私が実際に相手をさせていただいた人たちは口を揃えて「入れない。山城先生の攻撃が自分に当たるときに見えない」「実際に対峙しないと分からないかもしれないけど、異次元の速さで全く見えない」というように言ってくださいます。

でも、横から見ている人には、私はあまり速く動いているわけではありませんし、凄い打撃を当てているようにも見えないはずです。

私は目の前の人と戦いながら、将来戦うかもしれない人とも戦っているのです。

大切なことは術中にハメること

目の前に立ってくれた人は、皆さん素晴らしく強い人たちばかりで、人間的にも素晴らしい方々です。おかげさまで今でもこの方々とは仲良くさせていただいていて、今後も仲良くさせていただくと思います。目の前の人だけは私がどのようなことをしたのか見ているので、敬意を表してくれるのです。

私にとって重要なことは、目の前の人に敬意を表しながらお相手させていただくと共に、もう一つはそれを見ている人が、私を侮ってくれるようにすることです。

武術においては「強そうに見える＝死」を意味します。なぜなら相手は警戒をするからです。私はすでに「想像のタネ」を蒔いて、その芽が育つ頃に私なりの収穫をさせていただくのです。そして私本来の動きは一切見せず、見せる相手は倒していることになります。

中途半端に強い人ほど落としやすい

昔、私の弟子で組手を申し込んできた人がいました。もちろん、私は組手が大好きなので断りません。本人はボクシングや空手などを経験してきて腕に自信があったのでしょう。そして、私の普段の動きから判断して、私に組手で通用すると思ったのでしょう。

私は子供の頃の事故で足首から下が粉々に砕け、右脚に麻痺があり、なかなか歩くのも大変そうにしていました（今でも麻痺があるのであまり動きません）。

その日はインフルエンザで40度の熱が出て、立つこともままならなかったのです。

でも、弟子の申し出に、私は二つ返事で組手をしようと伝えました。

その弟子は今では有名な達人といわれるようになっていますが、当時はまだまだ私からしたら子供のようでした（もちろん、今は相当強くなっていると思います）。

組手を開始した途端、彼は全力で殴りにくるのですが、私が出す軽い三発ほどのジャブだけで弾き飛ばされ、さらに何度かパンチを食らって吹っ飛んだ後に、頭を下げて逃げたので、膝蹴りを脳天に軽く食らわせたところ、身動きが取れなくなったようなので、そこで終わりにしました。

相手を侮らせる、相手の心に隙をつくる、相手を術中にハメる方法はどのようなものか。それらは全て人間に埋め込まれているものを利用します。つまり「社会的な行動」と与えられたもの「本能的な行動」を利用しています。

挑んできた弟子を組手で圧倒的な形で倒した後、彼がとった行動は「敬意」ではなく「怒り」でした。

後に、彼が怒っているということが、風の噂で色々な人から伝わってきました。

その内容の大半は「頭を下ろしたところに膝蹴りなんてひどい、許せない」というような感じでしたが、実際にはそれ以外の理由であると感じました。

それはおそらく組手を申し込んだのが自分だという点が発端でしょう。つまり、人間の実力を侮り見誤ったからこその行動なのだと思います。

「山城先生の実力は本当は大したことないんじゃないか？　でも、かなり有名だから確かに習ってみたい……実力は凄いとは見えないから、もしかしたら自分の方が強いかもしれない。確認してみよう」。

ということだったのだと思います。だからこそ、自分自身の「見誤り、判断違い」を認められずに怒りを持ったのでしょう。

風の噂では、今でも飲み会でその時のことを怒っているようです。「組手のときにインフルエンザで熱があったとか言っているのが頭にくる」のだそうです。

プライドが傷ついてしまったのでしょう。

私は、弟子たちが私のことを甘く見て、「倒せるかも」そう思ってもいいと思っています。なぜなら、無駄に争ったり強さを誇示することになんら意味を感じないからです。

それは自分の心の弱さや生まれ育ちの影響からくる劣等感、恐怖心を克服するという意味そのものであり、武術の目的そのものでもあるのです。

本物の武術家の日常の在り方

しかし、弟子となれば私なりに分かってもらうために、少しでも私に対して敬意を持てずに侮(あなど)っているなら、それが痛い目に遭うことを分からせなければいけません。

そもそも、なぜこの元弟子は私を侮(あなど)ったのでしょうか。私のところに来たのは、私の突き蹴りが凄かったから学んでみたいと思ったのではなかったのでしょうか。そしてなぜ私に勝てると思ったのでしょうか。

理由はとても簡単です。私がそう思わせるように日々生きているからです。先日も私の弟子の一人から「先生が怖いようにはとても見えない」と言われました。それは当然です。日頃から怖い人なんて、そばにいて欲しくないですよね。当たり前のことなのです。

格闘技や武術をしているならなおさらです。逆に穏やかで優しい人であって欲しいと思います。また、周りの人がどう感じているかもわからず、怖がらせたり不機嫌でいたりする人は武術家失格です。自分がどのように思われているのか、どのようなことを感じさせているのか、それがわからないのでは致命的ですよね。
私の友人で映画『キングダム』にも出演し、最近では『ワンパーセンター』(https://wiiber.com/one-percenter/) でリアルアクション俳優として主演をなさっておられる、坂口拓さんという方がいます。この方は本当に素晴らしいアクション表現を持っておられ、さらに磨きをかけるために実際に武術家たちとの交流を行い、ＹｏｕＴｕｂｅにても発信なさっています(狂武蔵たくチャンネル https://youtube.com/@1percenter-wiiber)。

面白いことに、拓さんは「山城先生と向かい合うと、それだけで怖い」と言います。また友人で米軍特殊部隊にも指導をしていた元特殊部隊の隊長も同じように「山城先生の佇(たたず)まいがとても怖い」というように言われています。

私は、普段は犬猫からおばあちゃんまでみんなに好かれる愛嬌のあるおじさんなのですが、そういう独特な世界が見える人には怖い存在のように見えるようです。

その方々は最初からとても敬意を表してくれて、今でもお互いに敬意を持ってお付き合いをさせていただいています。

つまり、分かる人には分かる怖さを持ち、普段は普通の人にはとてもそのようには見えない、という武術家としてのあるべき姿をしているだけなのです。それは私が「武術家としての人生を生きる」と決意したからであり、「強くなりたい、凄くなりたい、凄い人と思われたい」ということを考えていないからでもあります。前述の元弟子はそれが分からなかったのです。

相手の恐怖心を利用する

武術家として生きるということは、「いいとこ取りして、有名になってお金儲けして」だけでは済まないのです。だからこそ、謙虚でありながらも、いざというときに戦える強さも持ち合わせる必要があるのです。強烈な強さを持つ必要がありますが、それでも凄く見えないように在らねばなりません。

相手には自分を侮らせることで、最初から相手の戦いのハードルを下げ、打撃も想像の何倍もの、見た目の何倍もの威力を出し、動きも遅いように見えて相手には速く当たればいいのです。

これらは全て、相手の「想像の産物」を利用したものです。

そのためには自分が積んできたものを見せないように、自分の人生を見せないように、自分の受けた社会的な影響を見せないように、自分が受けてきた親の影響、自分が受けた師匠の影響を見せないようにしなければいけません。

そして、見せるべきはこちらの意図した「影響」や「状態」です。ただし、あからさまに見せるのは愚の骨頂であることは当然であり、相手に「勝てる」と思わせなければいけません。

そのためには、それらをすべて「理解して知っている」ことが必要なのです。突き一つにしても、「威力がなさそうで」「当たっても大したことない」と思わせることで、受ける相手の心と体を油断させなければいけません。

どんなに強い攻撃も「強い攻撃がくる」と防御線を張られてしまえば受けられてしまうか、逃げられてしまいます。警戒しないから、見ていても見えないのです。

どんなに素速い動きも、必ずこちらに当てに来る瞬間があるのです。その速い動きを捕まえる必要はありません。必ずぶつかるというその瞬間がいつかを知っていればいいのです。しかし、相手の動きの速さに翻弄され、心も体も動かされてしまえば、その瞬間を捉えることはできません。

心と体は常に過去の情報と本能に支配されやすいのです。その本能と過去の情報で作られた想像力を相手に掻き立てさせ、利用する。それこそが私が武術としての相手の恐怖心を利用した戦い方であり、私自身の技術そのものなのです。

そんな私が作る戦略や技術は、どんな格闘技をしていても、どんな戦いであろうとも通じないはずがありません。なぜなら私の戦略は人間そのものの仕組みと戦うための戦略だからです。

私は恐怖心を克服して楽になろうという話をしているのではありません。ましてやそれを無くすことで人生がよくなるというような自己啓発的な話をしているわけでもありません。シンプルに技術として「恐怖心を利用した戦いを可能とするために、自らの恐怖心を理解し克服する必要がある」ということを伝えたいのです。

本物の武術を残していくために

実は最近なぜかご縁があって武術系ＹｏｕＴｕｂｅにたくさん出演依頼があり、ＹｏｕＴｕｂｅ動画に出ています。正直、私はこれからひっそりと去り行くおじさんのつもりでいたのですが、思いの外色々な世界に引っ張り出されてしまっています。もう十分やってきたけどなぁ……、と思いながらも、良いご縁をいただけて、私もついつい出ております。

関わって撮影をした方々は様々で、先ほど紹介した『たくちゃんねる』の俳優の坂口拓さんや、イス軸法で有名な西山創先生、ブルース・リーの作ったジークンドーで有名な石井東吾先生、影武流合気体術の雨宮宏樹先生など、これからどんどん活躍していく方々のチャンネルに出演させていただいています。

格闘技的に見るとちょっと物足りなかったり、空手的に見るともうちょい殴り合いがあってもいいかなと思えるところもあるかもしれませんが、私が子供の頃から知る武術界ではこうやって交流や技術を他から学ぶなど、正直ありえないようなことが普通に行える良い時代だなと思っています。

技術を溜め込んだり隠し事をして優位性を保とうとしたりする時代は終わります。その情報をさらに利用し、さも自分が開発した技術かのように喧伝する人もたくさん出てくるでしょう。

人から学ぶということができず、人からパクる、人から盗みながらも「オリジン」のような顔をする人も出てくるでしょう。しかし、そんなことはほんの少しの間しかできません。

全て表に晒しながらも切磋琢磨し成長し、技術を磨いていくしかありません。そんな中で私なりに思うことがあります。私は私として本物の武術の世界を世に残していく必要があるという使命感を持っています。その活動の一つにこのようなＹｏｕＴｕｂｅの出演などを行なっています。

悪貨は良貨を簡単に駆逐してしまいます。偽物の武術家たちが我が物顔で世に跋扈（ばっこ）していることを、快く思わない人も多いと思います。本物であればある程偽物たちが煙たがり遠ざけてしまおうとします。

私は本物とのお付き合いはできます。なぜなら私が受け継いだ沖縄拳法は本物の武術だからです。私はこれから、本物の武術の世界を今のこの世界に残していく、その助けとして動くこと、これからの私の使命の一つとして活動していきたいと思います。

この本が書店に並ぶ頃にはさらに私が出演したＹｏｕＴｕｂｅの数が増えていることだと思います。私の名前でぜひ検索をし、アクセスしてみてください。そこでの交流している皆さまは間違いなく本物の方々です。

第7節　認知戦を知る

人類は「想像力」を手に入れたことにより、生き残ることができたということを説明しました。その想像力を作り上げるには「材料」が必要なのです。その材料は情報です。自分が経験したことばかりではなく、誰かが語ってくれた経験なども含まれ、そうした情報を再構築するのが想像であり、その能力が想像力です。

その情報は早ければ早いほど価値があり、その情報は全ての想像力のベースとなります。しかし、一旦ベースに仕込んでしまうとなかなかそれを変えることができません。このことを簡単にいうと「思い込み」となります。

人が何かを「思い込み」しているというのは、その人が勝手に思い込んでいるように思いますが、実際は誰かに思い込ませられている情報があるのです。

武術家は本当の姿を他人に見せない

実は、私は自分の組手スタイルを一度も公開したことがありません。映像やDVD、YouTubeに至るまで、私は一度たりとも自分本来の動きを見せたことがありません。軽く手合わせ程度はやりますが、それは勝ち負けはあまり関係のない「手合わせ」程度にしか過ぎないのです。相手の組手スタイル、動きに合わせているだけです。ですが、おそらく全ての人は私の動きはそういう程度のものだと思ってしまうのでしょう。

前節でも書きましたが、私にとっては、むしろそれがよいのです。やむなく実際に誰かと戦うとなったときにこれらの私に対する印象が後から効いてくるのですから。

ではここで、私が外部から外見として捉えられているであろう情報を整理してみましょう。つまり、それが相手に私が与えている情報です。さらに、この情報の中で私自身が実際にできること、能力への評価も行ってみましょう。

実はここが核心となる作業です。私がコーチとして、格闘家、空手家などの試合の戦略を組み立てるときのやり方の基準となっています。

私の外見状の情報

私の動きはそんなに速くないとの情報を与えています。それなので、相手は足を使ってジャブを駆使することを有効であると考え、素早い打撃なら当たると想像するでしょう。

もう一つの情報。私の動きは小さいので、仮に打撃力があったとしてもそこまで強くないと思うに違いありません。

さらに、蹴りはあまり使えなさそうに見えるはずです。多分多くの人のイメージの中に私の蹴りの姿は存在していないはずです。そのため、相手は蹴りから入らなくても、パンチが当たるのではないかと思うのではないでしょうか。

戦う場所の環境は畳の上なので、ボクシング的なステップは少し引っかかって難しいでしょう。

よほどのことがない限り、私が戦わざるを得ないのは、私に挑戦してくる弟子たちでしょう。ということで、次に相手の評価です。相手の動きは弟子なので大体見てきましたので、分かっています。

先に登場してもらった元弟子を例にしましょう。彼は一般人でしたが、実力はかなり高かったのです。彼の実力は、プロでＵＦＣにも行った総合格闘家の選手と防具組手で対戦し、実力は五分五分でした。打撃の速度、威力、なかなかのものだったと思います。

元弟子である彼と組手をした頃の私の体重は120kg程でしたから当たればその打撃力は相当あるとみられていたでしょう。

普段私が見せていた、これらの情報を全て利用して相手を叩きのめすわけです。

内緒で私の情報を晒します

私は実は「動きが速い」のです。内緒ですよ。

そして、最初の一撃は必ず私が当てることができるのです。これも内緒です。

そして軽く見えるジャブ程度の攻撃は、普通の人の全力のストレートと同じぐらいの打撃力があります。これも内緒です。

そしてもう一つ、私は相手に間合いを錯覚させることが得意なことと、相手の打撃よりも必ずほんの少しだけ早く当てることができます。つまり、殴り合いにならない、ということです。

あとは相手の間合いの感覚を崩したり、打撃を軽く触れただけで重心を奪い、相手の攻撃が引き戻せなくなるなどといったことができます。

あと、私はボクシングを四年、柔道を十二年、レスリングを一年やってきました。だからほぼ総合格闘技的な対策が、ある程度できます。これも内緒です。

私の日頃の動きや外見、表に見せている動きは全て「偽りの情報」なのです。そして、相手にとってはその偽りの情報が「自分が理解しやすい範囲の情報」であるがために、それを信じて対策を考えます。その偽情報を元にして立てた相手の対策に対して、私はさらに対策を取る準備をしていたらいいのです。

内緒、内緒と言いながら、こういう自分の能力の情報を表に出していいのですか？　と思われるかもしれませんが、安心してください。このように情報を公開しているのは、もうすでにそういう情報に対して対策を立てられたとしても、その相手の対策への対策も私は済ませているからなのです。

あなたは間違いなく騙される人

ここまでをお読みになり、これを「情報の読み合い合戦」だと思った人は騙される側の人なのです。人類は「想像力」を手に入れたことにより、生き残ることができたと既に書いています。まさにその通りですが、実はその想像力には「材料」が必要なのです。その材料を人生経験を通して獲得し、得たものを再構築していくのです。

それは生き残るために必要な手段であり、その情報は早ければ早いほど価値があり、その情報は想像力のベースとなります。しかし、一旦ベースに仕込んでしまうとなかなかそれを変えることができません。このことを簡単にいうと「思い込み」となります。

人が何かを「思い込み」しているというのは、その人が勝手に思い込んでいるように思いますが、実際は誰かに「思い込ませられている情報がある」ということなのです。

この人間の機能を応用し、相手をコントロールするのです。つまり、こちらが主体になりその情報を選別して送り出すのです。これは「先の情報戦」であり、言い換えると「認知戦（cognitive warfare）」ともいえるかもしれません。

認知戦については私の親友であり戦友の認知科学者である苫米地英人先生が世界一の専門家でもあります。苫米地英人先生は多方面で知られた方ですが、空手関係者であれば、雑誌ＪＫＦａｎにてコーチングの連載もなさっているのでその実力の一端は皆様ご存知と思います。

先生とは共に海外にも行き、今は一緒に活動もさせてもらっています。その苫米地先生が仰る認知戦の恐ろしさに耳を傾けてください。

認知戦は身内に仕掛ける

先生のお話によれば、「認知戦はまず自国民に仕掛けられる」ということです。

これはどういうことかということを事例を挙げてお話ししましょう。例えばＡ

国という国があったとしましょう。A国の首脳が自国民に「隣のB国が侵略してくる」という情報を広めます。その情報が広がったところで、さらに自国民に「戦争になったらこの辺りは火の海になる。そうなってからでは遅い。その前にミサイルで防衛ラインを作り、簡単に侵略できないぞとB国に見せつける必要がある。他の国を見てみろ。黙って侵略されると男は皆殺され、女子供は奴隷になる」という話を広めて行きます。

いわゆる恐怖を煽るのです。この章で何度も書きましたが、自由や財産、家族の命を奪われるという恐怖は、何ものにも代え難い大きな恐怖です。これは確実にその国の国民は反応し、対策を立てないとダメだという声が強くなっていきます。

A国はミサイルを製造する技術がありません。そうすると、C国のミサイルの製造会社に発注し、そこにA国の予算が落ちるので、もちろん利益を得ます。しかし、A国がミサイル防衛を準備するということは、実際には想定される敵国（B国）からしたら「自国に向けてミサイルを配備するなんて、戦争の準備をしているということだ」ということとなり、B国は、堂々と国際社会にアピールしながら戦いの準備を進められるわけです。

ところがA国が購入したミサイルは、相手国（B国）のGPS情報や地理情報をインプットしなければ発射できない旧式のもので、入力した時点で「B国に対してミサイルを発射する準備」と取られます。

もしA国がそのような準備をするそぶりがあれば、B国は「A国が我が国にミサイルを向けて、しかもGPS情報を入力している」と公言するでしょう。当然B国には国際社会から見ても大義名分の立つ先制攻撃を仕掛ける理由となるのです。

ところでこれらの対立はどこから生まれたのでしょうか？

そうです。自国民に認知戦を仕掛けたA国です。ただし、A国にミサイルを売りたいC国のミサイル会社が一番の利益となるので、認知戦以前の発端としてC国の存在は見過ごせません。

ではその認知戦の前段階ではどうでしょうか。

隣国Bとの間に、常にマイナスの情報となるような問題をお互いに批判し合います。

A国のメディアでは自国民に対してB国がとても野蛮な国で嫌いになるような情報を流し続けます。

一方、B国でも自国の領土をA国が侵害しているとの主張を繰り返し、「B国は過去にA国によって侵略されたことがある、A国は非常に危険な国である」とB国は自国民に対しメディアで伝え続けます。もちろん、ここで重要なのは外国のメディアの報道を流さない、流したとしても検閲したりするということです。

さらには言語が違うという特性も利用します。A国民は単一民族の単一言語の国になっているので、外国のメディアの情報があまり理解できないということも利用します。そうすると「他の国が何か言っているけど、どうせ騙そうとしているのだろう。自国のメディアこそ信じられる。国民は安心して言うことを聞こう」となります。

こうなるとA国もB国もお互いが戦いに向かうために自国民を動かすことが容易になってきます。そこでC国からのミサイルも配備され、いざ戦争となります。

ところが、C国はその仲裁に入る準備をし、A国、B国の間に入り、その国境間にある海底資源を採掘する権利を手に入れます。

とても複雑なストーリーでしたが、実は、とても簡単な話で、C国はA国、B国を利用し戦争を煽り、最終的には仲裁に入ることで海底資源の利権を手に入れたということです。

これでわかるように、A国もB国も自国民に対して最初に認知戦を仕掛けています。

その結果、C国に利権が生まれるようになっています。そうです、A国もB国もC国が裏で糸を引いていたのです。

本来国益を考えれば、戦争は回避されるべきものなのです。今の時代に人が人を殺すというような戦争はあってはならないものです。しかし、それを実際に起こさせるための仕掛けは、それぞれの国がそれぞれの自国民に対して認知戦を仕掛けているということなのです。

私の弟子は私に勝てると思っている

では、ここでミニマムに私の場合に戻ってみますと、私は自分の弟子たちに私がそんなに強そうに見えないように生きています。ですので、「山城先生は凄い強い」と言う弟子は実はあまりいません。

弟子たちはどこかで「山城先生は突きは強いけど、戦ったら勝てるかもしれない」と、思っているかもしれません。でもそれは、私が仕掛けている認知戦であり、私はいつ弟子たちが反旗を翻したりしても（笑）、私の誤情報を鵜呑みにするように「仕掛け」に乗せてあります。結果的に戦うということになったとしても、彼らは全く違う思い込みで挑んでくることになるのです。私は認知戦を仕掛けて、私の近い弟子たちを騙せている時点でもう勝利なのです。

そして、その情報や表に出ている私の動きを参考に対抗する人が来ても、私はその前段階で認知戦を仕掛けているので、私には簡単には勝つことができないのです。

このように、武術における戦いは正式な、そして対等な、ルールに則った戦いでもなんでもありません。こちらから仕掛ける情報で相手を操作し、その操作された人を対策して勝つということなのです。これは「先の先」という戦い方です。相手が動く前にはこちらはもう勝っているのです。

認知戦で勝つ

先とは「先の先」である認知戦と、実際に目の前で戦うための技術としての「先」があります。最初に認知戦について解説します。

私の弟子たちですら、どこかで「山城先生は突きは強いけど、実際に戦ったら俺でも勝てるかもしれない」と思っているかもしれません。でもそれは、私が仕掛けている認知戦であり、私はいつ弟子たちが反旗を翻したとしても、私の誤情報を鵜呑みにするように「仕掛け」に乗せてあるというのは前述した通りです。もし結果的に戦うということになったとしても、彼らは全く見当はずれの思い込みで挑んでくることになるのです。私は認知戦を仕掛けて、私に近い弟子たちを騙せている時点で、すでに勝利を得ているのです。

この点については同様のことを中村茂先生は次のようにお話しししています。「酒の席にいる人は弟子であっても油断してはならない。迂闊に人前で酒を飲んではいけない」と伝えています。私もその教えを守るように努めています（弟子たちとはよく飲み会をしていますが…）。

話を戻しましょう。仮に私に挑んでくる人がいるとします。しかしその人は、表に出ている私の情報や私の動きを参考に挑戦してくるわけです。私はその前段階で認知戦を仕掛けているので、その人は私に簡単には勝つことができないのです。

このように、武術における戦いとは正式な、そして対等な、ルールに則った戦いでもなんでもありません。こちらから仕掛ける情報で相手を操作し、その操作された人を対策して勝つということなのです。これが「先(せん)の先(せん)」という戦い方です。相手が動く前にはこちらはもう勝っているのです。

以上の点で武術と戦争はよく似ています。つまり、お互いのフィジカル（武器）が最新であること、戦略の更新、情報力、何もかも利用して、一番有利な者が勝利を得るということです。

第8節　ミラーニューロンの仕組み

前節では「認知戦」について、世界戦争レベルから個人の戦いまでを見てきました。次に、この前提となる情報の獲得方法について解説したいと思います。

人類は言語というコミュニケーション手段を手に入れたことで、より効果的な、そして細分化した緻密な情報を伝達する手段を手に入れました。しかし、その代わりに、人間が本来持っていた言語以外から情報を獲得する、という手段を徐々に失ってきたのではないかと思っています。

人間が本来自分の感覚や感じていること、それらを伝える手段として持っていたミラーニューロンの働きを解説していきます。

人間の成長の仕組み

私たち人間が社会的な生き物であるということは皆さんもお分かりでしょう。では、なぜ社会的な生き物として存在していられるのでしょうか。そして、なぜ動物は言葉で教わらなくても他人の動きを模倣することを行い、その結果を生命維持に利用できるのでしょうか？　実はその脳の仕組みと成長の仕組みにあります。

この話はあらゆる武術における、いわば「本当の極意であり秘伝」の一つになるので、利用法によっては悪用も可能だし、本質を理解すればあらゆる格闘技、武道のみならず軍事、戦略にも利用可能な内容です。これらは多くの先人がどのように表現しようかと苦心しながら記録として残していますが、残念ながら当時の医学や科学の進歩が追いついていなかったため、説話や逸話、例え話に止まっています。それゆえ一般人の誰もが重要視してきませんでした。私も書くかどうかを悩みましたが、おそらく世界で最初に武術的に解説した人間として後世に伝わっていくと思います。

これから書く内容は恐怖心の克服の「核」であり、あらゆる生命の根源的な戦いの答えであり、解決法であり、極意であり、オカルトでありスピリチュアルでもあり、医学であり科学である内容です。

この部分はじっくり取り組んでいくつもりでしたが、もったいぶっていると誤解をされかねませんし、記録として残していくことも重要かと思い、筆を進めようと思います。

他者の脳にアクセス？

私は今まで散々「親の影響を受けて生きていては、いけない。自分の価値観を作ろう」と書いてきました。理由は「親の恐怖心を子供が受け継ぐから」と解説しました。その恐怖心を受け継いだ結果、人は何かを奪われるという恐れを感じ、それを思い、そこに縛られた人生を歩み、恐怖は遺伝していくということでした。

というのは、実は私たちは「隣にいる人に影響を受けて生きる」からなのですが、「そんなことは当然だろう」とおしゃる方もいらっしゃると思います。

それと恐怖心はどのように関連するかも見えにくいかもしれませんが、そろそろ答えを書いていこうと思います。

実は、人は「目の前の人を見ているだけでその人の心の状態、脳の状態を読み取れるし、隣にいるだけで恐怖心も緊張感も感染する」のです。つまり極論をいうと、「人は何も喋らずとも人を操れる」ということです。

これは信じ難いことですが、特に相手に催眠術をかけなくても、話で説得しなくても、不意打ちをしなくても、最も簡単に人をコントロールすることが可能なのです。

これを可能にしているのが4つ、視覚・聴覚・嗅覚・触覚です。そして、視覚に関連して重要なことがミラーニューロンです。

ミラーニューロンは、1992年にイタリアの研究グループにより発表された、サルの脳内の神経活動のことで、サル自身が物体をつかむ時に活動するニューロンが、同じ動作をする実験者の姿をサルが観察したときにも反応することが分かりました。実験当初、腹側運動前野のF5と呼ばれる領域でこの反応が記録されましたが、その後、下頭頂葉のPFGと呼ばれる領域でも見つかりました。

これら2つの領域は解剖学的な結合が強く、この神経回路をミラーニューロンシステム（mirror neuron system：ＭＮＳ）と呼んでいます。また腹側運動前野は，視覚情報から運動へ変換する役割を持っており、この領域で手の把持運動の遂行に関わるニューロン活動が見つかっています。

ミラーニューロンでは他者の動作を観察しているときに他者の脳の中で立ち上がっている動作実行のために必要な神経活動が再現される。つまり，他者の脳の内部状態が，自分の脳内でも同じようにシミュレートされることになります。

ミラーニューロンの役割

・他者の行動や意図の理解

機能的意味からミラーニューロンの複数の役割が考えられています。主な役割として、他者の動作についての理解に関わると考えられています。実際、ミラーニューロンは他者の動作を観察したときだけでなく、動作に伴う音のみを聞いたときでも反応することが分かっています。このことからミラーニューロンは他者が何をしているのかを抽象的に表象しているのであろうといわれています。

さらに、同じ動作を観察しても意図によって異なる反応を示すミラーニューロンも見つかり、他者の動作の意図の理解にも関わることが示唆されました。

・模倣に関する役割

そのほか、歌を模倣学習する鳥から鳴き声に関するミラーニューロンが記録されており、模倣学習にとってミラーニューロンが重要な役割を担うことが示されています。また、眼球運動に関わるミラーニューロンの発見から、他者の注意の理解などの役割も考えられています。

なお腹側頭頂間領域（ventral intraparietal area：VIP）では自己の身体部位を表象するニューロンが他者の身体部位も視覚的に表象することが知られています。

前述のミラーニューロンの性質はヒトの社会的行動と結びつけられ、他者の心の理解（心の理論）、言語の萌芽、さらには共感や自他の身体の知覚との関わりも指摘され社会的認知の神経科学的なメカニズムの1つとして捉えられています。

言語との関わりはこのMNSが言語領野と重なっていることや身振り手振り、言語の始まりであるとの考えに基づいています。

また、近年、他者の情動の理解、つまり共感に注目が集まっていますが、他者が痛みや不快さを感じる様子を観察している時の活動と、自らのその情動に関わる活動が帯状回や島皮質でオーバーラップすることが明らかになっています。

参考文献：村田哲（近畿大学医学部生理学講座准教授）『ミラーニューロンの概要』

以上がミラーニューロンについての医学的な解説を参考にさせてもらった話ですが、これは一体何を言っているのかというと、「自分の思ったことを相手の脳に送り込むことができ、自分が狙った通りに相手の脳を動かすことができる」ということになります。

信じ難い内容も現代の医学的な解釈ではその状況を作り出すことは夢物語でもなんでもなく、不思議な技でも理解不能な伝説でもなんでもない、生命として人類として普通の現象に過ぎないのです。

ただ、難しいのは相手に動いてもらえるための「自分の脳の働かせ方」なのです。例えば、あなたが「相手にこうなって欲しい」と考えたとします。しかし、その考えの前提にあるのは「相手は自分の思い通りにならないので」ということでしょう。思い通りにならない、だから思い通りにしたいわけですから。あなたの脳内では「相手にこうなって欲しい」というその想いは最初から脳内で否定されているのです。

もうひとつ例を挙げましょう。いくらあなたが「貧しいのは嫌だ。お金持ちになりたい」と願っても、残念ながらあなたはお金持ちになれません。あなた自身は貧しくてお金持ちになれないからこそ「お金持ちになりたい」と考えてしまうのです。つまり最初から貧しい自分を肯定しているのです。貧しい自分を肯定するということは、裏を返せば、お金持ちになりたくないという意思表示なのです。そのようなあなたの意思表示を周りの人が受け取ってしまえば、あなたをお金持ちにしたいと協力する人もいないでしょう。あなたの願いに対して誰の脳も体も心も動いてくれません。それではあなたがお金持ちになるのは難しいということが分かるでしょう。

感謝の祈りが周りを巻き込む

簡単にいうと、「こうなって欲しい」という願いは叶わないということです。まるで成功哲学やスピリチュアルの本のような答えですが、これが正解なのです。ではどうすれば良いのかといえば、こうなります。

「願いは叶ったので感謝します。私はお金持ちになれて嬉しいです。感謝しています」ということを祈ることが正解なのです。

「こうなって欲しい」と願っている間は、周りの人の脳は「この人はこうなれない自分を肯定してるのだな」と受け取ってしまいます。ですから、あなたの肯定していることが周りに伝われば誰もあなたの願いが叶うように助けようとしませんし、脳も体も心も動かされません。

ところが、逆に「私はもうこうなることが分かった。決定してることだ。嬉しくて毎日が楽しい。感謝している」という「お礼の祈りをすると、その人の周りにいる人の脳はその人の「成功して幸せな状態」を感じ取り、それを叶えてあげようと、達成できるように協力してみようと、それは達成できることだから応援するのも簡単だと受け取り、脳はそのように働き、体はそのように動き始めるのです。

自分一人だけではなく、周りの人が動いてくれたら目的や理想、目標への達成はそんなに難しくなくなっていくことでしょう。それこそ貧しさからも脱却し、仕事では成功し、恋愛は成就するかもしれません。

つまり、古来から私たちが受け継いできた「祈り」と「感謝」は通じ、「お願い」は通じないということなのです。

ここまでは明るい、いい話として書いておきます。次はまさに戦いでどう使うかというところにミラーニューロンがどのように使われているのかを書いてみたいと思います。

言語を使わぬコミュニケーション

人は言葉というコミュニケーションを持っています。一方、動物は吠えるか鳴くか、ダンスや体を叩いたり跳ねたりなどのコミュニケーション手段を持ちますが、言語というコミュニケーション手段を持っていません。しかし、自分の感覚や感じていること、それらを伝える手段を持たなければ、群れやコミュニティなどは作れません。それを可能にしてきたのがミラーニューロンの働きだと思われます。

人類は言語というコミュニケーション手段を手に入れたことで、より効果的なそして細分化した緻密な情報を伝達する手段を手に入れました。

しかしその代わりに、人間が本来持っていた言語以外から情報を獲得する、という手段を徐々に失ってきたのではないかとも私は思っています。

小猿が目の前にあるバナナを食物だと認識できず、香りも初めてのものであるならば、これが食べ物であるかどうかの認識はなかなかできないでしょう。ところが、母猿が目の前でバナナを食べて美味しそうな様子を見せたのなら、小猿は迷うことなく目の前のバナナを食べるでしょう。

人間の赤ちゃんは生まれてすぐに母親に抱っこされると、母乳の匂いを求めて体を動かし始めますが、それは遺伝子の記憶によるものですから、コミュニケーションではなく情報収集の道具としての嗅覚となります。

これを一方通行の情報収集なのか、双方向の情報交換なのかを区別する手段から見るとミラーニューロンの力の大きさを感じることができるでしょう。

ミラーニューロンには鳴き声や臭い、味覚も関連する可能性が高く、いわば人は五感で得た情報を視覚によって共有する、視覚以外によっても共有していける、ということが分かってきています。

例えば、人が恐怖や緊張などのストレスを感じると、汗をかきやすくなります。その汗には人間のフェロモンや匂い、動物ならば種族や雌雄など分別が可能となります。

ストレスが私たちの健康に影響を及ぼすことは周知の事実です。未来や人生に対する不安など、先行き不透明感が社会全体を支配している昨今、心の健康は非常に重要な課題になっています。

以下の文章は、東邦大学ＨＰ『匂いと脳のストレス応答』より部分的に借用したものです。

ストレスの影響は、ヒトを含む動物において古くから研究されており、特に視いませんが、視床下部－下垂体－副腎（ＨＰＡ）軸を介した内分泌系の変化が明らかにされています。しかし、脳のストレス応答や精神疾患の発症メカニズムは未だ解明されていません。

一方、特定の香りはストレスを抑制することが経験的に知られています。嗅覚系が退化したといわれているヒトにおいても、嗅覚は自律神経系や情動（感情）、高次機能などに影響を及ぼします。匂いは、ストレスを誘発して動物の生存を左右したり、ストレスレベルを低下させたりします。したがって、匂いが脳のストレス応答に及ぼす影響を科学的に証明することは、ヒトのメンタルヘルスに貢献すると考えられます。

「におい」は空気中を漂って嗅覚を刺激するもののことであり、においを意味する言葉にはさまざまな種類が存在します。「におい」は英語の smell に当たり、好ましいものも好ましくないものも含みます。「香り」は fragrance や scent であり、好ましいにおいを意味します。「アロマ aroma」は、通常、食べ物や飲み物から出る良いにおいを表しますが、「アロマセラピー」を考慮すると「におい」や「香り」の意味も含まれます。

「臭い」はodorに相当し、「におい」を意味しますが、通常、不快なにおいのことです。「匂い」はニュートラルな「におい」、および、どちらかというと良い「におい」に対して使われるようです。

本稿ではニュートラルな「におい」を意味する言葉として「匂い」を用います。このように種々の表現があるにもかかわらず、それぞれの匂い分子は同一である場合があります。例えば、匂い分子が低濃度の場合は心地よく感じられたとしても、高濃度になると不快に感じられたり毒性を示したりする場合もあります。

匂い分子が生体に作用する場合、直接神経を介して嗅覚を刺激する嗅覚経路だけでなく、皮膚や鼻および肺から吸収され、血流を介して作用する経路がありま す。悪臭にさらされるとヒト唾液中のα-アミラーゼが増加することが明らかにされており、匂いによる不快感がストレス反応を誘発する可能性が示唆されています。しかし、特定の匂いによるストレス誘発については、ヒトを対象とした実験が倫理的に困難であることもあり、ほとんどの研究は動物実験により行われています。

妊娠した動物がストレスを受けると、胎児の嗅覚系の発達が悪くなり、成熟するまでの神経新生および嗅覚能力に影響することが明らかになっています。一方、母親の匂いは仔の認知機能を高めることや社会的支援によるストレス抑制現象（社会的緩衝）の発現に影響を及ぼすことが報告されています。

動物の匂いに関する研究の多くは、捕食者が放出する匂い分子が獲物にとってストレス要因となることを示しています。ラットやマウスなどのげっ歯類に対する捕食者は、ネコ、ハムスター、モルモット、フェレット、キツネ、コヨーテなどであり、これらの尿や糞の匂いの影響が調べられています。

種の保存のためには、環境中の揮発性分子からいち早く生命の危機を察知することが極めて重要です。脳内の海馬は最近起きたことを記憶（近時記憶）し、その情報を扁桃体が取捨選択して古い記憶（遠隔記憶）として大脳皮質に保存すると考えられていますが、海馬に依存した学習中に捕食者の匂いに軽く暴露された場合、扁桃体が活性化されて学習能力が向上するという報告があります。したがって、ストレスを介したメカニズムが学習能を向上させる可能性が考えられます。このように、嗅覚と扁桃体および海馬との関係を示唆する知見が蓄積されつつあります。

しかし、匂いストレスも諸刃の剣であるといえます。母親が妊娠中に捕食者の匂いストレスを受けると、その仔は不慣れな環境に対する感受性が低くなることから、捕食されやすくなってしまいます。

思春期のげっ歯類に対するキツネやコヨーテの尿の匂いは強いストレスとなり、心的外傷後ストレス障害（ＰＴＳＤ）などの精神障害発症につながるといわれています。実際、キツネの糞に含まれる匂い分子2-5-ジヒドロ-2-4-5-トリメチルチアゾリン（ＴＭＴ）をげっ歯類に吸引させるとＰＴＳＤを誘発することが示唆されています。また、オオカミの尿に含まれている3つのピラジン類似体の混合物は、マウスの恐怖関連反応を誘発すると報告されています。一方、ストレスを感じたラットは特定の匂いを放ち、それを感知した他のラットは危険を回避することが可能になります。この匂いは、他のラットの不安レベルを高めるフェロモンであり、4-メチルペンタナールおよびヘキサナールと関連があると考えられています。このような匂い分子について解析することは、哺乳類による化学的コミュニケーションの理解に役立つ可能性があります。なお、匂いストレスに対する反応には性差があることも指摘されています。」

※参考文献『匂いと脳のストレス応答』東邦大学ＨＰより

ミラーニューロンの活かし方

人は、心的領域を影響の範囲は限定的ではあるけれども周囲に自らの感情や感覚を展開し、いわば漫画の『呪術廻戦』のように領域展開を行うことが可能であると言っても過言ではないのではないでしょうか。

逆にいえば、そんなことが不可能であるという思い込みが、自分の内心を展開していると認識できないままでいるわけです。

このため、周囲との不調和や自分が持つ敵意や恐怖、怒りや悲しみの感情が他者に影響を与えていることが分からないままでいます。そして、自分自身が社会の中で、生きづらさや人間関係の不和などを生み出しているということを見つけられないまま、「なぜ自分だけが……」と苦しみながら生きる、という原因となっているかもしれません。

＊呪術廻戦：２０１８年『週刊少年ジャンプ』にて連載開始の芥見下々（あくたみ・げげ）作品。２０２０年にアニメ化。

前回ではこのことをプラスに捉えた見方として「祈りは叶い、お願いは叶わない」として解説しました。自分が感じている喜びや豊かさ、愛情や優しさはミラーニューロンを介して伝わり、自分のファンである協力者を増やし、自分の理想を叶えていく手段となっていくことを解説しました。実際に私自身も実感している素晴らしい方法だと思っています。

私は今、本当に満たされた人生を歩み、素晴らしい仲間たちと共に価値ある、そしてやりがいのあるチームを作り、家族を支え、自分自身も成長していき、多くの人を助けること支えることができています。

また、戦友の苫米地英人先生と共に世界平和や争いを無くすための活動もこっそりと、微力ながら行なっていて、本当に素晴らしい人生を歩ませていただいています。それこそがまさに「自分の感じる世界が世界に伝わっている」結果なのだと実感しています。

自分を愛する者は人に愛され、世界を愛する人は世界に愛されるのです。満たされて豊かに生きることは、心の中にある豊かさが表に出ているだけなのです。

ただし、武術においてはこのミラーニューロンを使って、相手を殺すのです。

相手を必殺の一手でイメージの中で殺すことができるのなら、相手を殺すことが可能なのです。

自らが突きの強烈な威力をイメージしているのなら、相手に突きの威力の怖さを伝えることが可能なのです。そしてそれは動作を全て行わなくてもいいのです。

イメージの重要性

よく映画で相手に攻撃をしなくても殺気で相手が恐怖してしまうなどという描写があると思いますが、これはどれだけの臨場感のある情報をミラーニューロンに伝えることができるかが鍵となります。例えるならば、ゴルフのスイングでよくいわれる「フォロー・スルーの方が大事」ということに似ているかもしれません。

ゴルフのスイングでは後ろにクラブを振りかぶり、そこから振り下ろしながらボールに当て、そこから打ち抜いてフォロー・スルーで振りかぶります。一見するとボールを打つために振りかぶる力と、クラブを振り下ろしてボールに当てる力に注目しがちですが、実際にはフォロー・スルーという、しっかりとした軌道を作らせるための意識の方が重要となります。

ここまでは、ミラーニューロンの活かし方によって、人は生きているだけで周りに影響を与えるし、影響を与えられるようになっていることを説明しました。今の世の中では、発達障害や「人の考えていることがわからない」人も含め、私たちは「感じ取る力」を求められて生きていますが、逆に「感じ取り過ぎない力」も求められています。実はこれらが全て恐怖心を消せない、恐怖に飲み込まれる原因となっています。

子供は親の人生を受け継いでいる

この後編で扱っている「恐怖心の克服」は、武術における恐怖心と日常における恐怖心、そしてその恐怖の原因はこの後編の初めから語ってきたように、実は歴史的なものであり、親から受け継いできた人生そのものであることをお話ししました。

私たちは飢えや病気、戦争や喪失を歴史的に積み重ね、死の概念や苦しみ、悲しみ、そして恐怖を脳の奥、心の奥に植え込まれてきたのです。

産まれ出た小猿は、母乳以外で外界にあるもの、それが食べ物であったとしても初めて見るものです。そして、それを親ザルが目の前で食べたときに初めてそれが「食べ物」と認識するのです。私たち人間も一緒で、親が食べたものが食べて良い物、と記憶の無い頃から思い込んで生きているのです。

私たち人間は親の人生を生きていると言っても過言ではないのです。子供の頃に感じた恐怖を親は子に植え付け、その子がその恐怖をまた自分の子供に植え付けて生きてきました。

親は「その子のためだ」と言いながら、自分の恐怖を子に感じさせ、子の人生を歪ませてきました。その子はあなた自身でもないし、親自身でも、同じ人間でもありません。感じ方や受け止め方、その後の行動など予想もつかないのです。

結果、歪んだ愛情であったり、暴力を愛情だと思った人の愛を受け止めた子は犯罪者となってしまったり、誰かを傷つけても「親が自分にしてくれたことをしているだけ。私は良いことをしている」と錯覚してしまうことすらあります。

はっきり言ってしまうと、子供の人生を苦しめているのは親そのものなのです。

つまり、今苦しんでいる人は親のせいで苦しんでいるのです。

子はいつか自分だけの価値観を育てて親から離れ、自分だけの人生を生きていかなければなりません。愛とはその人に自由を与えること、そのものなのに、愛によって人の人生、子の人生を縛っているのです。

生存のための本能を逆利用

人が自由に考え生きることを助けることは、愛そのものであります。しかし、武術家としてはその逆を考え、相手を殺すために「親」の行ってきたことを利用するのです。

猫がキュウリのような細長い緑色のものを見ると、飛び跳ねて驚いて逃げて行きます。それは哺乳動物がネズミのような小さな生き物だった頃に、蛇などの動物に捕食されてきた恐怖の記憶を未だに受け継いでいるからです。

受け継いできたものは恐怖に限らず、本能として残っています。しかし、それらも生存に必要な道具として受け継いでいます。そして、それは条件さえ揃えば必ず発動するのです。

　生まれたばかりの哺乳類の赤ちゃんが、母親の母乳を求める姿はまさにその表れです。人間の赤ちゃんでいえば、お腹の上にある乳房を目指してよじ登って行きます。赤ちゃんの視力は弱く、まだ世界を見たことがないので、何が何かを認識できません。しかし、赤ちゃんには生まれながらに黒い丸は哺乳ができる場所であると脳にインプットされています。

　赤ちゃんが乳首を見つけやすくするために、女性は妊娠すると自然と乳首は黒ずんでいきます。しかしそれだけでも探すのは困難なので、母乳の匂いを嗅ぎ分けることができます。その匂いとわずかなわずかな視力を元に這い上って母乳を口にすることができるようになるのです。

　これは生後間もない状態では身動きひとつ、栄養を補給することもできない人類の出産の形態そのものです。そうした状態でも出産後の生存率を上げるための本能プログラムの一つなのです。

　有袋類では、より小さく未熟な状態で出産をしますが、お腹の袋の中で安全でかつ母親の母体と同じ生菌状態の環境で育まれるため、時間をかけてゆっくりと育てながら、母親も自分で捕食や活動を行うことができる状況を作っています。

さらに、人でいえば、生まれ出た後も、かつて安心できた音の環境を求め、雨音を聞くと母胎内の血液の流れの音のように感じ、大人になっても安らかに眠りやすくなっています。

武術では原始反射を利用する

本能やプログラムされた反射反応は人の生存に深く関わっており、それらは大人になると消えていくこととされていますが、生命の危機が訪れると自然とまた反射反応により身を守ろうとするのです。

生後間もない赤ちゃんの足の裏を縦にスーッと触ると、自然と足がぴょこんと曲がって上がります。これは重心移動の原理そのもので、足の踵からつま先の方向に重心を移動させるだけで、自然と足は曲がってさらに伸びるようになっていきます。これは「崩し」の技術を使う時に利用する反射ですが、これは大人になると消えるといわれている反射です。

逆に足が動かないようにするためには、つま先から踵に重心を下ろしていけばいいのです。そうすれば相手に崩されることも、体を延ばされることもありません。これはセイサン立ち（左写真）で相手に崩されないようにするために使われています。

これらの原始反射と呼ばれる生後数ヶ月しかないような反射といわれていますが、同様の反射は大人になっても残る場合は、障害として考えられています。し

かし、ある条件、特定の条件などの下では、成長にしたがって消えると言われる反応が現れます。

つまり、いまだに特定の条件を作ってやれば、いくつもの原始反射は現れてきます。これらを知ることが武術家として必要なのです。

草食動物の目が左右に離れている理由

見ず知らずの人があなたに目を合わせて来たとしたら、それは捕食者であり、攻撃的であると勝手に認識し、あなたは身構えるはずです。肉食動物の目は正面に付けられているためです。ところが、一方的に捕食される草食動物の目は左右に離れて付いています。それは、捕食されることを回避し、逃げるためなのです。近づく肉食動物を逸早く認識して逃げやすいように全方位を見回せることができます。

人も左右の端から対象者を見ることができれば、相手を認識しやすく「草食動物の脳」で受け入れられるので、安心をしてしまいます。ちょうど食事や飲み会で人と仲良くなるためにはテーブルの向かい側よりはバーカウンターの横並びの方が相手の心に入り込みやすいのと一緒なのです。

逆に武術では相手の脳の警戒をほんの少し解くために、周辺視野を利用した攻め方を行うのです。

ヒトの脳の進化理由

目の焦点を正面の一点に集めれば読書ができます。しかしそのときの頸椎は固定され、簡単に動くことはできなくなります。焦点を外し、遠くを見るようにすると頸椎周辺の筋肉は固定することをやめ、頭部を自由に動かすことができるようになります。目の焦点と頭部の固定とは密接に関わり合います。

そして、焦点を使うと中心視野と周辺視野に分かれて機能が変化します。人類はその両方を行うことと、もう一つ目線により意思表示を行うことができるようになりました。それこそが人類の脳の進化の理由の一つでもあります。こうしてコミュニケーションを行うことができるようになりました。

真ん中、つまり中心を見ると、前頭葉が働き、理性や思考が働きはじめます。私たちが本を読む時と同じ状態です。その状態になると脳は「悩む」という状態になります。

私たちが思考を脳内で行なっているということは皆さんもよく分かっていると思いますが、実は決断は思考では行えないのです。なぜなら未来を予測することと一緒で、条件が変わる、要素が変わる、人が変わる、右から足を出すのか、左から足を出すのか、たったそれだけでその人の命運も変わるのです。つまり、どう考えてもどんなに頭が良くても、「予想や予測」は単なる「予想や予測」に過ぎないということです。

多くの人は決断という要素があって、決定をする。未来を決定すると思っているでしょうが、何らかの意思で行動を決断するということが必要になります。どんなに凄い決定も決断もそれは思考では行えない、感覚的で「何となく決めた」というものに過ぎないのです。しかしそのために条件や理由をたくさん見つけようとします。この「何となく」は先ほども説明したように、大脳の思考では生まれない、本能や小脳の反射的な働きの結果なのです。

悩めば心が居着いている

小脳は暗算などで答えを出すような、まるで思考を介在しないかのような驚異の速度で答えを出します。計算とは思考することのはずなのに、一瞬で何となく答えが出せて、しかもそれを答えとして決定してしまうのです。

では、それで正しいのか？　**決断を下した後はその問いにずっと悩み続けるのです。この悩んだ状態を私は「心が居着く」と呼んでいます。居着いた状態は死を意味します。逃げられないので、そのまま斬り殺されてしまうからです。それはそうですよね。逃げるのか攻撃するのか、どちらにも「決断」ができない状態なのですから。**

私たち武術家は戦う相手に「迷い」と「悩む」という決断をさせない状態を作る必要があります。強い恐怖は相手を「逃げる」という決断に追い込んでしまうために、あまり強い恐怖や刺激は使えません。そして脳で悩む状態を作るためには冷静に思考されても困ります。そのため、「判断ができない状態を反応で作る」ことが必要になります。

実際にどのようなことをするかというと、例えば相手と向かい合ったときに相手の目に焦点を当ててしっかりと見る。そこから相手が闘争心を少しでも見せたり、向き合ったと思ったらこちらからもそれに応じる。そしてその瞬間に目線を外し、そのままスッと横を見る。または上を見る。または目の焦点を外して遠くを見る。片目だけを見る。また、迷いを作るために中心視野へ意識させながら、ふと周辺視野のあたりに動きを作る。それだけでどうしても「草食動物の心」が生まれ、必ず反応してしまいます。その瞬間に隙が生まれてしまうのです。

たったそれだけで相手の脳は混乱を起こし、心も体も居着いてしまいます。たったこれだけのことで、そんなことにはならないだろうと思う方もいると思います。でも、これにも少し秘訣があります。それは、次の節で述べる「**相手の中心を抑える**」という**技術**です。

第9節　中心を抑える

中心を抑えることは知識であり経験であり技術です。ただし、その重要さを理解している武術家はあえて語らないでしょう。むしろ私が語ろうとすることを苦々しく思うかもしれません。しかし、私は思うのです。分かる人には分かるけれど、分かろうとすら思わない人には、仮に本質を語っていても分からないのです。

中心の理解は戦いをどのように展開できるかということをＮＨＫのテレビ番組『明鏡止水』に出演したときの例を挙げて解説します。

本物の武術家だけが知っている「原理」

「中心を抑える」このことを語ると秘密が漏れると思うようで、とぼけて言わない人も多いように思います。それは武術家として当然のことです。私も表に出せることだけ出していて、隠し球のような技術は山ほどありますが、多いからといって出せるものではありません。

先にも書きましたが、多くの人は私がメディアや映像、ＹｏｕＴｕｂｅで見せている動きを私の動きだと理解しているはずです。それも一つの「誘いの技術」なのです。さらにいえば、おそらく多くの人は私の得意技は「突き」だと思っているはずです。これまで様々な場面で突きの威力を紹介してきたわけですから。そして、私の体型を見れば、素早く動くことはないと思うでしょう。これらも武術の一つの「誘い」なわけです。さらには、このように秘密をバラしてしまうことも誘い、ということもすでに紹介済みです。

恐怖心の克服から始まった解説、そして今回語ることも含め、これらは本物の武術家だけが知っている「原理」であり、かつて誰も語ろうとはしなかったものです。そして、これは最初にして最後だといえます。なぜ最後なのか、決して私が凄い武術家だからという自慢話をしているのではありません。「原理」を語っているからという意味です。「原理」以上のことを語れる人はいくら待っても出現してこないと分かっているからです。

私が恐怖心の克服を書いているときも、「空手の先生がなぜこんなことを書いてるのか分からないし、意味がないと思う」という人もいたそうですが、それは武術というものを理解していないし、必要性を感じていない人だからなのです。

武術を語る上で人間の恐怖心を利用することは避けられないし、その理解がなければ技術としても使うことはできません。遠回りのように見えて、最も直接的で、そして過去の誰もが語れなかった恐怖心の正体と人類の歴史を、まずは前提で語る必要があったのです。これは前述した「定義」の部分と同様に、その定義がはっきりしないままでは全て勝手な思い込みであり、つまり「僕が思う武術とは…」に過ぎなくなってしまうのです。

しかし、それ以外ではどうしても隠せない「原理」そのものの技術があります。それが「中心」というものです。

このいくつかの原理は打撃力や打撃自体の誘いや崩しなどにも使われていますが、私がこれらを「原理」だというには理由があるのです。

それは「どんなことにも必ず関連があり、どんな状況であっても知っていれば確実に使える力」だからなのです。

中谷潤人選手にみた武術の極意

2024年6月に放送されたNHKの『明鏡止水・武の五輪』に出演する機会がありました。（そのときの内容は後述します）その際にボクシングの世界3階級制覇王者の中谷潤人選手とお話をする機会がありました。

その際、中谷選手の動きや狙い、戦略の中に中心を抑える、捉える、反射を利用するという話と動きを見ることができました。お話をしたところ、そのようなことを考えていることが明確でした。

そして、その仕掛けや餌を撒く技術から、重心の移動、配置、全てにおいて計算し尽くされていて、まさに武術の原理がボクシングに活きていることが確認できました。私は非常に嬉しくて終始ニコニコしていたのじゃないかと思います。

単なる打撃力や体力瞬発力ではなく、仕掛け（誘い・崩し）から相手の意識をコントロールし、中心を捉え、撃ち抜く。そのような仕掛け方は普通のボクサーでは、なかなか身につかないことも分かりますし、戦略の立て方自体が私の考え方にもよく似ていてとても嬉しかったわけです。

世間で武術家を名乗る方々が語る内容より余程武術的な表現でした。そして何より中心の意識の重要さを理解されていることが確認できました。

予想外からの一撃の威力

戦いの中で使われる多くの技術は、この「中心の意識」から派生したものとして考えてもいいと思います。しかも、それは物理的な技術から反射を含めた感覚的な技術、精神的な影響力を含めた技術として利用可能だからこそ「原理」というのです。ですから、ただ単に骨盤をどう動かすとか、腹圧をかけるとか、脇を締めるとか、手先から動くなど、これらは単に枝葉末節の技術に過ぎないのです。

例えば、打撃なら相手を倒す打撃を当てることが重要であり、ある程度の打撃力は倒すための要素の一つであるが、必須ではありません。

私がよく言う例えがあります。

「物凄い打たれ強い格闘家がいたとして、目を瞑(つぶ)って座り、そこに中学2年生ぐらいの男の子が全力でパンチンググラブで殴ったら、ほぼ全員の格闘家が気絶します。あるいは、同様にお腹の力と気を抜いて目を瞑(つぶ)っていたら、小学6年生の男の子が全力で肝臓か鳩尾を打ったら呼吸困難になるか悶絶するよ」

信じられない話かもしれませんが、人の耐久力なんてそんなものなのです。

つまり、**戦いにおいて重要なことは、打撃力を向上させることやスピードを向上させることよりも何よりも、確実に相手の予想外からの一撃を、確実に効果のある部位に打ち込むことなのです。**

これは一見、「相手に予想外の一撃を与える、倒せる打撃力は筋力や瞬発力によって生まれるのじゃないのか？」と、思われがちですが、実際には全くそういうことはありません。言い換えれば、そのような備えの無い状態は誰もが平等に打撃力を受けて効果があるし、重要なことは筋力や耐久力などではなく、「中心の意識」の部分なのです。

中心意識を発展させた手（ティ）

戦国の時代以降、その原理が家々に伝わっていたからこそ、武器中心で戦っていた時代には刀や短刀一つあれば子供でも大人と戦えたのです。そして、その原理を理解するために型や組型、約束組手のような技の稽古が必須だったのです。そこには「攻撃力」が殺傷力そのものになる道具の存在が不可欠でした。そのための刀や槍であり、その道具そのものに殺傷能力があるためにどちらかというと間合い感覚や原理を体にしっかりと身につけさせることの方が重要な稽古だったのです。

しかし、沖縄の空手は手（ティ）の時代から「素手」での戦いに移行せざるを得なくなり、「刃物」という殺傷力を失ったためにあらゆる工夫を行ってきました。刃物や武器によりスッと近づいてサクッとする。そのためには中心を抑える、中心を外すというやりとりが不可欠でしたし、そのやり取りさえ知っていれば十分に相手を倒すこと、制圧すること、殺すことができたのでしょう。

また、道具や得物というのは視覚的な影響がかなり大きく、おそらく進化の過程で脳の中に「金属」に対する恐怖は刷り込まれているように思います。

それらは視覚による影響が大きいことと、反射による影響が大きいことを意味しています。

型にこそ中心の意識が内包

ここで改めて私が皆さんに解説してきた順番を思い出して欲しいのです。

前著で、人の体の成り立ち、本書で、脳の仕組みと、恐怖心の本質を解説しました。そしてこの節で中心の理解を話します。これらこそ、人間が人間と戦い、同じ世界を生き、同じ空間で向かい合う、お互いを心の中で向かい合う原理、まさにこれこそが「武術」なのです。

まず最初に学んだことは、人の体の重心の位置や関係性でした。人の体の重心とは、どの部分を起点に見る重心なのか。自分一人の重心なのか、誰かとの関係性の重心なのか、それとも道具との関係性の中での重心なのか。全て同じことでありながらも関係性と目的により変わってきます。

全書で、私はまず自分の体の重心というものを理解してもらいました。これにより、物理的な「重心」という意味での中心を学ぶことになります。それを前に運ぶ、横に動かす、動くところ、動かないところ、力んでしまうところ、力が抜けるところ、基本的な「骨格を揃えて動かす」ということを学びました。

要点をまとめてみましょう。例えば、ビールで満たされたジョッキをお盆に乗せて運ぶときに、最も重要なことはお盆を速く動かすことやお盆を強く持つことではありません。お盆を安定して掌または指に乗せて持ち、さらにその重心点にビールジョッキが乗ること、それを水平に運ぶことです。

そこに加速をつけて動かせば、ほんの少し跳ね上がるだけでビールジョッキは慣性が働き、その場にとどまろうとして、お盆から滑り落ちてしまいます。そうならないようお盆にはゴムを敷いて滑らないように摩擦力を上げ、さらに腕全体と体全体の柔らかさで移動中のお盆の上下を受け止めて運ぶことで、お盆の上のビールはこぼれることなく、全てのビールとジョッキをお客様に運ぶことができます。

これがもし皆さんの体の重さのそのものだと考えたらどうでしょう？　そしてそれをゆっくりでも速くでも動かせるようになり、手を伸ばす速度で相手に打撃力として当てることができるようになったらどうでしょう？

そして一歩踏み込む時、体の上下がないので相手には「動いた」と認識できず、さらに意識をそらされるような仕掛けやフェイント、距離の錯覚や動きを隠して動かれたらどうでしょうか？

体重が60kgの人であれば、60kgの重さの重心自体を一気に相手にぶつけるために進み、手は力まず柔らかいので速く認識できず、当たれば骨格をきちんと揃えられているので打撃の衝撃がズレたりせずに密着し、生まれた打撃力のエネルギーが関節の弱さや角度で減衰せずに相手にぶつかったら、どれだけの威力を伝えられるでしょう？

これは「中心の意識」から生まれた「重心の移動」を、より効率よく動かし伝えるために「骨格を揃える」ということを行い、そして瞬時、文字通り瞬(まばた)きするよりも速く、そして相手が気づけないような起こりの無さで、「まるで目を瞑(つぶ)っているときに当てられたように、気がつく前に」当たったとしたらどれだけの打撃力と衝撃、効果があるでしょうか。

これこそが「中心の意識」なのです。そしてこれらは恐ろしいことにナイハンチとセイサンという、たった二つの型から学べるのです。

私たち空手家は武術の極意を最初の最初で無意識に学ぶことができるようになっているのです。もちろんそれは正しい継承を受けることができてからの話です。

私は型を過大評価したり、型を万能だと考えているわけではありません。しかし、沖縄拳法に伝わる型の鍛錬は、これでもまだ言い過ぎとは言えないくらいの価値があるのです。

NHKから突然のお話し

『明鏡止水』という番組は、日本中のあらゆる武術の達人たちが集まり、それぞれの技術を披露するというものです。その中で達人同士の技術が化学反応を起こし、みんなでそれを検証し合うという内容です。岡田准一さん、ケンドーコバヤシさんという、武術大好き人間が司会進行するという豪華な番組です（ということが後々分かりました）。

私に出演依頼のお話しが来たのは2024年の年頭だったと思います。元アウトサイダーチャンピオンで『明鏡止水』に出演したことのある熊澤伸哉選手が、同番組のプロデューサーから「山城先生をご紹介いただきたい」と依頼を受け、その後、同番組から私に連絡が来ました。

当時、『明鏡止水』は最終回を終えておりました。前回放送分は第1シーズンであって、第2シーズンが始まることはまだ秘密なのだと言われました。しかし、実をいうと、ここで告白するのもなんですが、私はそれまで『明鏡止水』という番組を一度も見たことがなく……、お恥ずかしいですが、内容も全くわからなかったのです。

NHKさんとやりとりをすることになりましたが、このことは言えずにいました。とりあえずお会いし、お話をさせていただきますということになり、スタッフの方々が沖縄拳法の稽古を見学に来るということになったという次第です。

突きの専門家としてお呼びがかかった

番組そのものの知識が全くなかったわけですから、どういう番組の趣旨のなのかよく分かっていなかったのです。とはいえ、とりあえず色々お話を重ねて、このシリーズでは、オリンピックイヤーなので、オリンピック種目にちなんだ格闘技の中で、武道と共通する点を武道・武術の達人たちと分析し語り合うというような趣旨だということがわかりました。

そして、今回の格闘技は「ボクシング」ということが企画されていて、「打突」の専門家を集めて話し合うという企画だという説明を受けました。

そこで大変光栄なことに日本の空手家として、「一番の突きの専門家」としてお呼びいただきました。

他の出演者は、ボクシング3階級世界王者の中谷潤人選手、オリンピックボクシング女子金メダリスト入江聖奈選手、阿吽会の阿久澤稔先生、タレントの山本千尋さん、MCとして岡田准一さん、ケンドーコバヤシさん。

なんとも豪華な出演者の中に、私みたいな普通のおじさんが選ばれるとは思ってなかったので、驚きは隠せませんでした。しかし考えてみると私が指導しているのは伝統派の空手選手でり、フルコンタクト空手の選手、総合格闘家、キックボクサー、ボクシング選手です。パンチや突きの専門家として、私が選ばれてもおかしくないのかなと改めて思いました。

スタジオ入りに先立って、稽古場で取材撮影が行われ、できるだけ色々な技術や突きをお見せしましたが、実は私が今一番力を入れていることを紹介したくてお見せしましたものがあります。それはサイです。

おそらく多くの空手家や武術関係者はサイのことをあまりよく分かっていないと思っています。なぜならそれはその使い方や型などは語れても、サイの持つ本質的な力や稽古の意義はこれまで誰も語れていないからです。

どうしても伝え残したいもの

私は今まで、この世界のすべての空手の底上げを考えて活動をしてきました。大層なことを言ってるように聞こえるかもしれませんが、私はそのつもりでやってきたのです。また、武道・格闘技の打撃の理解についても、おそらく私ほどの理解をして解説をできた人は一人もいないと自負しています。もちろん、私はそんなに強い人間ではありませんし、自身が競技や格闘技で成果を残しているわけではありません。しかし、だからこそ理解をし、解説ができたのだと思うことがたくさんあります。こうした活動の中、どうしても伝え残していきたいと思っているのがサイの普及です。

サイとは沖縄に古くから伝わる武器術の道具で、元々は士族ではなく刀の使用が許されない平民が持っていたり、琉球王国時代の警察官（当時は士族ではなく平民から選ばれていました）の持つ道具でもありました。

手（ティ）の時代から空手が生まれる過程において、もしサイと棒（沖縄拳法では槍（やり））の存在がなかったとしたら、この世界に空手は存在しなかったと思えるぐらい重要な道具であり、特にサイは最たるものです。

そのサイの効果は全身の活用、重心のコントロールと理解、必要な力と抜くべき力、中心の理解、戦いの本質的な理解、これら全てを学ぶことができるものなのです。

私は色々な所で次のように言っています。

「空手を稽古するにあたり、普通に素手の稽古だけを積むのが自転車で大阪から東京に向かうことに対し、サイを使った稽古を取り入れることはジェット機を手に入れて乗っていくようなものだ。比べられないぐらいの速い効果と高い成果を得る」と。

これは言い過ぎでもなんでもなく、私はこれから世界のすべての空手家、さらにいえば武術を学ぶ者すべてがサイを学ぶ時代が来ると本気で想っています。繰り返しになりますが、それは思い込みでも考え過ぎでもありません。もちろん今までの空手が悪いというわけでもなく、空手は本来の手（ティ）の姿に戻ることで、新しい進化を得ると確信をしているのです。

実はこの十数年、私はそのサイ普及活動のための下準備をしてきましたが、今回ＮＨＫさんのご好意でサイを紹介することもできることになりました。かなり編集されていましたが、私としてはサイの話がほんの少しでもできて、とても嬉しく思っています。

サイに関してはもう一つトピックを。先日、『サイ教範』発売に向けての撮影を行いました。サイの基本的な技術から応用、武器としての価値について解説できましたので、後日、本書の版元である株式会社チャンプさんから販売される予定です。皆様ぜひご購入をいただき、今のご自身の数段上の力を身に付けてみてください。

スタジオ入り、リハーサル

サイに夢中になり過ぎました。『明鏡止水』のスタジオでの撮影の話に戻ります。

当日は第2シーズン全8回放送の第3回と第4回の撮影でしたが、私は第4回の撮影で4時間ほど前にスタジオ入りしました。

2時間ほど弟子たちと最終の打ち合わせをして、出演者の方々と顔合わせ、そしてリハーサルを行いました。

みなさん、非常に良い方々で、私は中谷潤人選手の隣に座ることになりました。中谷選手は笑顔の素敵なとても丁寧な方で、撮影中のヒソヒソ話も盛り上がりました。そしてもう一人の武術家、阿吽会の阿久澤先生も、大変興味を惹きながら面白くご自身の技術を解説なさっていました。

今回、私はプロデューサーの方から、「今回の内容は突きやパンチなので、捕手などは内容と異なるので……」というようなことを言われていたので、投げや捕手などの約束稽古はやらないでおこうと思っていました。多分みなさんも突きやパンチに関したことに終始するのだろうと想っていましたら……。

本番の撮影開始

岡田准一さんとケンコバさんが登場し、司会進行を始められ、まずはボクシングの中谷選手、入江選手の見事なミット打ちや打撃を披露していただいた後、私の番が来ました。

私はナイハンチ初段、セイサン、そしてサイの型の演武をさせてもらました。思った以上にいろんなことをさせていただいて正直驚きと感謝でいっぱいでした。なにせ私は普通のおじさん空手家なので、ここまでさせてもらえるとは……。

続いて阿久澤先生の演武でしたが、なんと突きの解説等は一切なく、ずっと約束組手と投げの連続……。

あれ？　これどうなるんだろう？　という感じの私の杞憂はすぐに消えました。会場はとても大盛り上がり、私も興味深く面白く見させていただいて、ずっとニコニコしていたと思います。

しかし、番組が面白いだけではなく、内容としては突きのこと、間合いのことなどを解説する人が必要だと理解したので、私はできるだけ丁寧に間合いについて、相手の中心をどのように抑えていくかについて解説していきました。そのとき、中谷選手にお相手をお願いしました。

私の前に中谷選手（前ＷＢＯ・スーパー・フライ級王者）がリング誌の２０２３年ノックアウト・オブ・ザ・イヤー（ＫＯ賞）に選ばれた時のノックアウトシーンを語ったのですが、まさに中心の理解と利用そのものだったので、私も事例として解説に使わせていただきました。

中谷潤人の類稀な能力

中谷選手は、サウスポーなので、本来なら相手の左側にまわっていくことがセオリーなところを、あえて内側、つまり中心部分に手を出して邪魔をし、そこにだんだん相手選手が反応するようになったところで、頃合いを見て左のフックを合わせて見事に決まり、KOしたというものでした。

これは中心を抑える技術そのものであり、あえて抑えて相手の意識を集め、意識の外から攻撃を仕掛けるというもので、大変見事な技術でした。しかも世界戦での試合中に狙っていけるというのは、よほどの精神力と計画力、実行力です。これはボクシングに限らず、多くの格闘家や空手家が学ぶべきことだと思いました。

その後、私は間合いの感覚というのは「思い込みである」ということから、間合いをどう制するのか。相手に対してどう詰め寄っていくのか、できるだけ分かりやすく立体的に解説しました。

内容としては、撮影2時間でできる限界だと思います。とはいえ、私は私の役割として武術的な世界を表現すること、解説することを、それなりにできたのかなと思います。

私の解説は地味な内容だったので、一般の視聴者にはモヤモヤが残ったかもしれませんが、武術に造詣の深い方々には、私なりに良いものは残せたのではないかと思っています。

司会の岡田准一さんも武術的な観点からの解説やお話もとても興味深く、ケンコバさんもとても面白くて個人的にはテレビの前にいるような感じで、楽しく参加させてもらったことが何よりの収穫だったかもしれません。

今回は受け手として千葉支部の支部長、鶴谷光寿さん、京都支部支部長の向井正志さんにお願いをしました。お仕事も休んでいただき、遠方より駆けつけていただき感謝でした。

また、他の三段の弟子たちも集まって、会場で見学をしてくれました。こうして師匠である私の活動を見ていてくれれば、いつかきっと弟子たちの番になったときに活かすことができると思います。

2023年初夏からの一年、『明鏡止水』出演というゴールに合わせたように、さまざまなＹｏｕＴｕｂｅチャンネルに出演し（その数20！）「空手の秘密」「サイ教範」撮影の企画をしてきました。不思議としか言いようのない濃密な時間の流れでした。縁や運は人の志と動きそのものを生み出します。

何にも縛られない私は、本当に自由に楽しく武術の世界を生きています。

いつかこの武術家という仕事が子供たちが憧れる仕事になることを願って、私はまた地道に活動を続けて行きたいと思います。

『明鏡止水』後日談

２０２４年、私がＮＨＫの番組である『明鏡止水　武の五輪』に出演した際、現役ボクシングの三階級王者となっている中谷潤人選手との話をご紹介しました。その内容の後日談です。

ある朝、友人から「すごい記事が出ていますよ」とメッセージが届きました。友人が送ってきてくれたリンクを開いて見ると、なんとすごい記事が上がっていました。

友人から送られてきたリンクを開くと次のような内容でした。週間プレイボーイのネットニュースで『週プレＮＥＷＳ』があり、そこに放送作家でライターの会津泰成さんという方が書いている記事でした。**「見えない左」で連続ＫＯ勝利。中谷潤人が沖縄拳法伝承者に学んだ突きの極意とは！**というタイトルで始まる文章で、以下抜粋します。

「無駄な動きのない槍で突き刺すような左ストレート。中谷がその技術を習得する上で、ある武道家との出会いが影響していた。沖縄拳法の伝承者で武術家の山城美智（やましろ・よしとも）氏だ。

沖縄拳法空手道「沖拳会」創設者の山城氏は、古くから沖縄に伝わる武術「手（ティ）」を後世に広く伝えるための活動をしている。２０２１年東京五輪で空手の組手部門で日本唯一のメダリスト（銅）になった荒賀龍太郎、ＵＦＣにも参戦経験のある総合格闘家の菊野克紀らプロアマ、競技問わず多くのトップアスリートに慕われている。

中谷は6月12日にＮＨＫで放送された、日本が誇る武の達人たちと共に武術の視点でスポーツの神髄に迫る番組『明鏡止水　武の五輪』にゲスト出演した。「拳を打ち抜け」というお題で、ボクシングのパンチや防御の技術を披露した。その際、同じくゲスト出演した山城氏に放送では紹介されなかった時間に聞いた話から、パンチの技術向上のヒントを得ていた。

「山城先生から拳で突く極意、大切にすべきことを教えていただきました。軸の中心を捉えたとき、相手の体感速度はより速くなる。相手の軸に対して直線を意識する。軸の中心を捉えるためにポジションをずらす。でも拳は真っ直ぐ、相手の軸の中心に向かって打つ、というような技術です。『筋力に頼らず、重心（体重）を拳に伝える』『スピードに頼らず、起こり（初動）を見せない』という山城先生のお話が、自分も大切にしているパンチの技術と重なって、今回の試合に向けてとても参考になりました」

記事を見て驚きました。

『明鏡止水』の撮影で隣に座っていたのが中谷潤人選手だったので、リハーサルでも本番でもこの話をずっとしていたのですが、実はこの会話の内容は全てカットされていたのです。

番組で放送されたのは私が空間制御の技術をほんの少しだけ見せた部分だけでした。実際には中谷潤人選手がノックアウトオブザイヤーを獲った攻防を含め、その解説をしながら中心を抑える、中心のコントロールをできるだけわかりやすく解説していたのです。

しかし、本番では放映されなかったので、〈よくわからなかったからカットされたんだろうな〉と思ってました。それが見事に記事になっていたので驚いたわけです。しかもインタビューで、本人の口から語られたのが、まさに私が解説していたこと、そのものであることに驚きました。

実は私の中では人生で一番嬉しかった記事だったのです。なぜなら、ボクシング三階級現役王者からこのような言葉を頂けたのですから、こんな嬉しいことはありません。今でも嬉しくてしかたがありません。

過去にも未来でも、今後沖縄古流空手に限らず、武術界においても、今までもこれからもこのようなことができる人は現れないと思うし、沖縄拳法の武術の考えは最先端の格闘技に十分活かせるということであり、中心を抑えることにより起こる現象が武術では当たり前の技術ですが、中心を抑える効果を語れる人は今の世には一人もいませんでした。

しかし私が解説した「中心をコントロールする技術」を世界最高のボクシングの現役選手が参考にして活かしてくれたという夢のような話なのです。

第10節　先を取る

ミラーニューロンを思い出してください。先に出したほうが相手に影響を与えられる。つまり、動作であっても、感情であっても先を取った者が相手をコントロールすることができます。相手がそれを受け取って脳内で再現するときには、先を取ったものが別のことをする順番が回ってきているのです。そのときには相手を混乱させる、居付かせる、迷わせることを仕掛けておいて、こちらの攻撃の順番で相手を殺すということなのです。

「先(せん)」を取り、相手をコントロール

人は視覚による情報が圧倒的に多いので利用しやすいのですが、視覚以外ではどういう働きを使っているのでしょうか。

先に解説したように、脳の中のミラーニューロンが見た対象物の動作から自らの脳内で動作を再現することが分かりました。そこにさらに最近の研究では皮膚にも嗅覚受容体が発見され、さらには味覚受容体まで見つかっています。私たちは皮膚感覚で匂いや味も感じられますし、人間が出す体臭や唾液の匂いなども「外界の情報を感知する手段」として使っていることが考えられます。

これは言語を使わなくとも相手の心理状況や思考を感知し、さらには動作として脳内で再現し、「感覚や思考を共有できる」ということなのです。

これを武術では「感覚や思考を共有させる」ことが重要になります。つまり、皆さんそれぞれが敵と相対したとき、心を落ち着けていれば相手の心も落ち着いてしまうのです。逆に、こちらが敵意剥(む)き出しの感情を持って接すれば、相手は同じように向かってくるのです。

そして、それは先に出したほうが相手に影響を与えられる、先に落ち着いたほうが相手を落ち着かせることができる。まるで将棋の先手後手のように、差し順が決まってしまうのです。

これは何を意味するかというと、動作であっても、感情であっても先（せん）を取った者が相手をコントロールし、相手がそれを受け取って脳内で再現するときには先（せん）を取ったものが別のことをする順番が回ってきているのです。そのときには相手を混乱させる、居付かせる、迷わせることを仕掛けておいて、こちらの攻撃の順番で相手を殺すということなのです。

コントロールする力を養う方法

では、それはどのようにして養うかというと、重要なことは三つしかありません。

一つは「勝利」を作ってから仕掛けるということ。これは「打って勝とうとするな。勝ってから打て」という場合もあります。脳内で勝った状態をイメージしてから組み立てていく。いわば、まずゴールを作ることです。ゴールから時間を遡り、逆算して勝利の手順を作ることです。

会社の経営もそうですが、まずは会社が目指す大きなゴールを作ることです。その大きなゴール、普通なら達成できないような、イメージもできないようなゴールを作るとしましょう。その瞬間に今までの過去の経験や過去の実績からの予測は吹っ飛んでいきます。そのままでは絶対に達成できないような売り上げだったり展開だったりすると思います。しかし、その設定をした瞬間から、見るものが変わっていきます。

例えば「人類すべての健康と心の平安を守る」という目標を掲げたとします。ただ単に「売り上げ目標は年商1億円！」としていた会社はそんなことは微々たることであり、目標として低過ぎるとなるでしょう。

そして、今持っている過去の実績や知識だけでは足りないことに脳は気付き、自然と目標を達成するための視野を広げようとします。そこで、今まで盲点（スコトーマ）となって見えなかった新しい情報が手に入り、気がつけば年商1億円はあっという間に達成していることとなるかもしれません。

予想外の敵の強さや敵の数であっても、勝利からイメージすることが先決で、倒し方や乗り切り方はその後から生まれてくるのです。こうせずに、自分と相手の能力分析だけで乗り切ろうとしても、迷いが生まれ、動きが居着き、決断ができない状況が生じ、やられてしまうのです。

型とは単なる身体操作ではない

もう一つは「人間を知る」ということ。この仕組みを知っているかどうかで勝負は決まったようなものです。つまり自分の感じていることは相手に伝わるということ。相手に迷いや居着き、心と体の居着きを作る仕組みを人類の発祥の歴史から現代までの科学的研究の成果など、全てを知り理解することです。

そして、最後は「臨場感を持って思考することができるようになる」ことです。自分の中に迷いや恐怖を持つことをイメージで作り、それをさらに瞬間的に切り替える。全てはその臨場感の高さが相手に伝わるのです。

臨場感とは映画を見てるときに急に映像からボールがこちらに飛んできたら、

びっくりして避けてしまいます。それと一緒で、相手にこちらの世界にのめり込んでもらうための臨場感の高い「演技」を行うことができるようになること。つまりこれは「型」を学び稽古するということそのものです。

型をただ単に身体操作論や「誰も見たことがないような特殊な技が含まれている」などと語る人たちがいますが、それこそ無意味な行為です。型には最初から「どのように勝つ」という勝利の結果と、「人の体と心を理解する」こと、そして「臨場感を養う」が込められて作られているのです。

それも、誰もがそれを知っているし、誰もが習っているはずなのです。ありもしない技を作ったり、無意味な「僕だけの身体操作論」を語ったり、我こそが発見者だと言いたげな偽物の武術家が増えましたが、そんなことは武術でも何でもない、「武術家のフリをした偽物」の商売人のビジネスモデルでやっているだけなのです。

自分の先生の名前も言えないような、歴史も文化も受け継ぐ覚悟が無いような人を、武術家とは言いません。

師から学んだことを信じ、ただひたすらに稽古を積む。弛むことなく思考を重ねて励む。そして、継承したことをただ伝える。これが武術家の姿です。

死を知らないから死を恐怖する

恐怖心の克服とは、恐怖を知り、人の歴史の営みを知り、人の体の反射反応を知り、心の反射反応を知り、勝利から始まるということ。そして、それを学ぶということによって可能となるのです。

つまり、武術を学ぶことそのものが、「恐怖心の克服」となるのです。

怖さを怖さとしているのはその人自身が向き合い方を学んでいないからです。そしてこの世界の原理を理解していないからですし、その知識がないからです。

怖さがなくなることはありません。人が生きている限りはどこかに何かしら、知らない恐怖を感じ続けていくのです。

そして、世界中の、今生きているおそらくほとんどの人は「死んだことがない」のです。たまに生還した方もいらっしゃると思いますが、その方も必ずいつか死んで肉体が無くなります。

この地球上に生きている誰もが、今生きている限り「死んで肉体が無くなる」という経験を一度もしたことがないので、死を「知らない」のです。つまり私たち人類は常に「死の恐怖」と隣り合わせでいるにも関わらず、簡単に向き合うことができないのです。

だからこそ、今の時代だからこそ、いまだに世界各地では戦争で人が死に、殺されているこの時代だからこそ、私たちは武術を通して死を学び、克服のための努力をし続ける必要があります。

その役割の一つが哲学であったり、宗教であったりすると思いますが、武術はそこに並ぶ学問としてあるべきだと思います。

死を意識して生きることは、何も悪いことや怖いことばかりではありません。今日生きていることが当然なのではなく、もしかしたら事故や病気で死んでしまう可能性を秘めている、だからこそ、よりよく生きる。その覚悟があれば、「恐怖心の克服」は可能と成るのです。その可能性を追求できるのが武術を通して学ぶ「世界の原理」だということを後編の結びの言葉とします。

おわりに

誰もが強くなりたい

空手の指導者には、そう思っている人はたくさんいるでしょう。

しかし、実際は、誰も同じような成功例を作れていません。指導した人がすぐ強くなる、すぐ試合で結果を出すなどというのは、「運」のようなものだったりするのが現状です。

そんななか、私は沖縄拳法の技術と原理を抽出して、多くのスポーツ選手、空手家、格闘家を世界トップクラスへと導いてきました。そこには沖縄拳法に伝わる「戦うための原理」を、その競技ごとに私のアプリケーションの開発によって生み出された「答え」があったからだと思います。

沖縄拳法は答えから始まります。答えから原理がわかり、紐解いていくとそこに必要な要素が何か、そしてそれは科学的にどのようなものなのか。すべて逆算して見つかっていくのです。

まるで山の岩の間から生まれた湧き水が、やがて流れをつくり、上流から下流に水が流れていくように、始まりが最も美しい水なのです。私自身はその答えを知りつつも、最初はその答えがなぜ正しく、そして、なぜ強差を与えることができるのかを理解できませんでした。

しかし、医学的にも科学的にも心理学的にも多くのことを研究し、学び、そして応用し続ける中で、解説することができるようになり、それは共通言語のように数多くのジャンルのスポーツ選手や空手、格闘技の選手へと応用することができるようになり、多くの結果を生むことができました。

ただ、それは「沖縄拳法」という、世界的にも類稀(たぐいまれ)で、歴史においては人類の宝のような、誰もが理想の世界を生み出すことができる道具としての側面と、本当の心と体の強さを生み出すための力を生み出した先人の役割が非常に大きいと感じています。

私はその「人類の宝」から少し力をお借りし、『Ｔｅｅ Ｂｏｄｙ Ｗｏｒｋ』という、現代の誰にでも、そしていつからでも、健康で安らかに、体を縛る多くのものからの開放を生み出すことができる技術を作り出すことができました。

これからの世界において、私は「強くなりたい」という人が減ることを心から望んでいます。なぜなら、強さを求めるということは、弱さを見せつけられる世界が存在するからに過ぎないからです。誰かと比較して生きる辛さを乗り越えろとは、私は微塵も思いません。

強くなければ生きていけない社会などは、多くの劣等感を生み出し、人心を壊し、人を責め合い、苦しめるだけにしか過ぎません。私は「強くなくても良い」、「人と比べなくてもいい」、「誰かに変化を求めなくても良い」、「自分に変化を求めなくても良い」、そのように考えています。

あなたはそのままでいい

こうしたことを言ってあげたいがために、私は空手という、沖縄拳法という、武術という、Ｔｅｅ Ｂｏｄｙ Ｗｏｒｋという手段で、人の心を自由に優しくしてもらいたいという思いで今まで活動をし続けてきました。

もちろん「自分の成長を楽しんで、その結果強くなる」「体を健康にしたいと続けていた結果、強くなっていた」「稽古を楽しむうちに強くなっていた」といったことは、とても素晴らしい。

それが本来の願いであって欲しいし、その結果としての強さこそが本当の強さだと思います。

格闘技の試合で相手に勝つために強さを求める。試合で勝利を手に入れるために強くなろうとする。それは当たり前のことです。実際、私はそこに全精力を注いできました。

しかし、私が今まで空手を広めようとしてきた理由は別にあります。

「人が何かを恐れて、強くない自分は駄目だと思う必要はない」

それを伝えたいからです。

そんな理由から、私は未だに沖縄拳法の指導を続け、多くの最前線の選手達を育て、多くの人達に楽しんでもらうために空手を広めていこうと思っています。

さて、次巻ではサイを媒介に「突き」「蹴り」を追求していきます。

沖縄拳法において打撃は極意のように語られることも多いため、沖縄拳法に徒手武術というイメージしか持たない人もいるでしょう。特に突きについてはインパクトの強さがあり、世間への評価もあるように感じています。しかし、戦いにおいては突き、蹴り、あるいは武器の使用、投げ、また心……、全てを使いこなせて初めて戦いに挑めると考えます。突きは、その中のごく一部。蹴りも同様です。沖縄拳法の鍛錬における全ての動きと鍛錬は、打撃にも崩しにも戦略にも使え、その原理は突き、蹴りにも同様に当てはめることが可能です。その結果、多くの競技者や格闘家、スポーツマンの試合成績も残すことができています。しかし、そこには「突きを強く、蹴りを速く、重く」といったことには主眼をおかない私の指導があります。

突きと蹴りが同じ原理だとは今まで誰も思っていなかったかもしれません。沖縄拳法ではいずれも同じ「手（ティ）」として伝わっています。その原理は科学的であり、最新のスポーツ理論にも通じるものです。

次巻ではそんなサイを媒介とした「突き・蹴り」について、型をもっと深く掘り下げて、そして人間の奥深いところまで見つめながら解説していきたいと思います。

■撮影協力

▼篠原浩人

生年月日：1989年6月2日

出身地：大阪府　身長：175㎝　体重：70kg

2017年　世界空手連盟KARATE1シリーズA沖縄大会　優勝

2015・2016年　全日本空手道選手権大会　準優勝

2016年　世界空手道選手権大会団体　準優勝

2014年　アジア競技大会　優勝

2014年　世界空手連盟KARATE1プレミアリーグ沖縄　優勝

著者略歴

山城美智（やましろ・よしとも）
1976年12月11日生まれ。宮里寛先生より「手（ティ）」を継承した父・山城辰夫に、幼少の頃から指導を受ける。沖縄全島から集まった各流派、沖縄拳法の選手が参加して行われた「全沖縄防具付組手空手道選手権大会」にて、1992年 第三回、1993年 第四回大会で優勝。第一回大会準優勝（優勝は実兄）。1990年「第一回 世界のウチナーンチュ大会 空手道・古武道世界交流祭」に演武参加。琉球大学にて「沖縄拳法古武道部」を設立。初代部長となる。父、山城辰夫の師匠である宮里寛先生より、沖縄拳法の指導を受け沖縄古来の「手（ティ）」を継承する。現在、沖縄・関東・関西・アメリカ・カナダ・オーストラリア等で稽古会・講習会などを主催。沖縄拳法の普及・継承を目的として活動している。

沖縄拳法山城空手

2025年2月17日　第1版第1刷発行
著者：山城美智
発行者：井出将周
発行所：株式会社チャンプ

〒166-0003 東京都杉並区高円寺南4-19-3　総和第二ビル2F
TEL 03-3315-3190　FAX 03-3312-8207
https://www.karatedo.co.jp/

◆印刷
シナノ印刷株式会社
〒171-0014 東京都豊島区池袋4-32-8
TEL 03-5911-3355　FAX 03-5911-3356

Printed in Japan

〈定価はカバーに表示してあります〉〈落丁・乱丁本はお取替えいたします〉

ISBN978-4-86344-031-9